성경 신학을 기반으로 하여 신뢰감을 주는 구약 강해 시리즈가 마침내 출간되었다. 이 시리즈는 특별히 예수 그리스도에게 초점을 맞춘다는 점에서 차별성이 있다. 목회자, 설교자, 교사뿐 아니라 구약 읽기에 어려움을 경험해본 그리스도인에게 이 시리즈의 책들은 마치 광야에 내리는 만나가 되어줄 것이다.

싱클레어 퍼거슨 리폼드신학교 조직신학 특임교수

오늘날 교회에 가장 긴급하게 필요한 한 가지를 꼽으라면 성경의 많은 부분이 '하나의 줄거리를 가진 이야기'로 통합될 뿐 아니라 그 정점에 예수 그리스도가 계시다는 사실을 배우는 것이다. 이 시리즈에서 제공하는 책들이 그런 필요를 채워줄 것이라 기대한다. 통찰력을 갖췄음에도 대중적인 난이도로 읽기 쉽게 쓰였다는 점에서, 특히 많은 그리스도인에게 유익을 제공할 것이다.

D. A. 카슨 트리니티 복음주의 신학교 신약학 교수, 가스펠 코울리션 공동 설립자

예수님은 모든 율법과 선지자 곧 성경이 바로 자기 자신에 대해 증거한다고 설명하셨다. 그러므로 구약 성경의 어느 본문을 설교하거나 가르치면서 예수 그리스도에 대해 말하지 않는다면, 우리는 예수 그리스도가 성경에 대해 가르치신 내용을 전하는 데 실패한 것이다. 이 책의 출간으로 그리스도의 구속 사역과 아브라함의 생애 사이에 벌어져 있던 거대한 간극이 엄청나게 좁혀질 수 있음을 확신하면서 기쁘게 추천하는 바다.

브라이언 채플 히스토릭 그레이스 장로교회 담임목사, 커버넌트 신학교 명예총장

이 책은 구약 속 아브라함이 우리 주 예수 그리스도에게로 향하는 길목에서 중요한 이정표 역할을 한다는 사실을 강조한다. 구원이라는 거대한 이야기의 의미 있는 단계로서 아브라함이라는 인물 속으로 독자들을 바르게 이끌어간다.

빌렘 반게메렌 트리니티 복음주의 신학교 구약학 교수

민음으로 산다는 것

믿음으로 산다는 것

이안 더귀드 지음
김정식 옮김

좋은씨앗

하나님의 약속과 현실과 사이에서 살아가는

그리스도인에게

아브라함이 보내는 믿음의 편지

오직 하나님께 영광을!

차 례

들어가는 글 · · · · · · · · · · · · · · · 11

감사의 글 · · · · · · · · · · · · · · · · 15

여는 글 · · · · · · · · · · · · · · · · · 17

1. 준비하시는 하나님 · · · · · · · · · · · 25
2. 믿을 수 없는 것 믿기 · · · · · · · · · · 39
3. 약속을 붙든 믿음의 선택 · · · · · · · · 59
4. 선한 왕 아브라함 · · · · · · · · · · · 77
5. 하나님을 붙잡는 믿음 · · · · · · · · · 95
6. 비틀거리는 믿음 · · · · · · · · · · · 109
7. 우리의 언약이신 하나님 · · · · · · · · 125
8. 하나님의 벗 · · · · · · · · · · · · · 145
9. 심판과 구원의 하나님 · · · · · · · · · 163
10. 마음의 우상, 의심의 죄 · · · · · · · · 181
11. 약속을 이루심 · · · · · · · · · · · · 199
12. 시험 끝에 찾아온 시련 · · · · · · · · 213
13. 받아들여진 죽음 · · · · · · · · · · · 231
14. 신실하신 하나님께 순종하기 · · · · · · 241
15. 그 길 끝에 있는 것 · · · · · · · · · · 253

들어가는 글

신약은 구약 속에 감춰져 있고 구약은 신약에서 드러난다.

_ 아우구스티누스

이 구원에 대하여는 너희에게 임할 은혜를 예언하던 **'선지자들이 연구하고 부지런히 살펴서'** 자기 속에 계신 그리스도의 영이 그 받으실 고난과 후에 받으실 영광을 미리 증언하여 누구를 또는 어떠한 때를 지시하시는지 상고하니라 이 섬긴 바가 자기를 위한 것이 아니요 너희를 위한 것임이 계시로 알게 되었으니 이것은 하늘로부터 보내신 성령을 힘입어 복음을 전하는 자들로 이제 너희에게 알린 것이요 **'천사들도 살펴 보기를 원하는 것'**이니라(벧전 1:10-12).

또한 우리 중에 어떤 여자들이 우리로 놀라게 하였으니 이는 그들이 새벽에 무덤에 갔다가 그의 시체는 보지 못하고 와서 그가 살아나셨다 하는 천사들의 나타남을 보았다 함이라 또 우리와 함께 한 자 중에 두어 사람이 무덤에 가 과연 여자들이 말한 바와 같음을 보았으나 예수는 보지 못하였느니라 하거늘 이르시되 **'미련하고 선지자들이 말한 모든 것을 마음에 더디 믿는 자들이여'** 그리스도가 **'이런 고난을 받고 자기의 영광에 들어가야 할 것이 아니냐'** 하시고 이에 모세와 모든 선지자의 글로 시작하여 모든 성경에 쓴 바 자기에 관한 것을 자세히 설명하시니라(눅 24:22-27).

선지자들은 연구했고 천사들도 살펴보기를 원했다. 그리고 제자들은 깨닫지 못했다. 그러나 모세와 선지자들과 구약 성경 전체가 그것에 대해 말해 왔다. 장차 예수님이 오실 것이며, 고난을 받으신 후에 영광을 얻으실 것이라는 내용이다.

하나님은 구약 성경에서 하나의 이야기를 말씀하기 시작하셨고, 사람들은 그 이야기의 결말을 궁금해 했다. 하지만 구약의 청중들은 그 이야기의 결말을 듣지 못했다. 대강의 줄거리는 알 수 있었지만 절정에 이르는 대목은 뒤로 미루어져 있었다. 그 이야기는 끝나지 않은 채 결말을 기다리고 있었다. 하나님은 이 구약의 이야기가 그리스도에 이르러 절정에 오르도록 구상하셨다.

예수님은 예고 없이 오신 게 아니다. 구약 성경에는 메시아에 관한 예언들이 명백히 있고, 등장하는 모든 인물과 사건, 그것을 둘러싼 배경 등을 통해 미리 선포되고 있었다. 하나님은 모든 것을 아울러 통합하는 하나의 이야기를 말씀하고 계셨다. 창세기의 창조 이야기로부터 유대인들이 포로 생활에서 귀환하는 이야기에 이르기까지, 하나님은 자신의 구원 계획을 점진적으로 펼쳐보이셨다. 이 구원 계획에 관한 구약의 내용은 어떤 식으로든 항상 그리스도에게 초점이 맞춰져 있었다.

이 책의 목표

이 책 (정확히는 이 시리즈)는 성경, 즉 구약과 신약이 모두 하나님의 통일된 계시일 뿐 아니라, 성경이 다루는 모든 주제가 그리스도 안에서 수렴된다는 대전제에서 출발한다. 구약의 각 책들은 다양한 장르와 양식을 취하면서도 독자적인 신학을 드러내고 있다. 그러나 끊임없이 그리스도를 미리 보여주고 그분을 가리키고 있다는 사실이 구약의 각 책들을 하나로 묶어준다. 신약뿐 아니라 구약도 철저히 그리스도 중심적이라는 사실을 믿으며 우리는 다음과 같은 목표로 이 책을 펴낸다.

- 구약 성경 안에 만연하게 퍼져 있는 그리스도에 대한 계

시를 드러내 보여준다.
- 그리스도 중심의 구약 읽기를 촉진한다.
- 구약 성경을 그리스도 중심으로 설교하고 가르치도록 장려한다.

그러므로 이 책은 학자가 아니라 목회자와 평신도를 위한 책이다.

시리즈라는 특성상 책마다 일부의 편차가 있겠지만, 그럼에도 공통적으로 구약의 개별 책이나 주제보다 '인물'에게 집중하고자 한다. 다만 다루는 인물의 특성에 따라 강조하는 주제가 달라질 수는 있다. 그러므로 책의 저자와 다루는 인물이 누구냐에 따라 독자의 주목도도 달라질 수 있다.

바라기는 이 책을 통해 구약 연구에 대한 관심이 되살아나고, 구약 성경이 예수 그리스도를 가리키고 있다는 진리를 독자들이 고백하게 되기를 희망한다.

트램퍼 롱맨 3세
J. 앨런 그로우브즈

감사의 글

리디머 장로교회의 사랑 많고 헌신적인 교인들에게 이 책을 바친다. 많은 사람들의 도움과 격려 없이 쓸 수 있는 책은 없다. 이 글을 쓰려니 나는 마치 오스카 상을 받는 배우처럼 '그들이 없었다면 이 책이 나올 수 없었을 것'이라며 모든 이들의 이름을 일일이 열거하고 싶어진다. 하지만 그것은 출판사나 독자 모두를 괴롭히는 일이다. 게다가 몇몇 사람의 이름은 빠뜨릴 수도 있다. 그러니 감사의 말은 되도록 짧게 하겠다.

이 책의 내용은 영국 옥스퍼드에 있는 리디머 장로교회에서 전한 설교들을 정리한 것이다. 이후에 그것들을 손보아 캘리포니아 주 앨리소 크릭 장로교회에서 안식년을 보내며 다시 설교했다. 이 두 교회가 내게 베푼 격려와 후원에 감사한다. 편집장인 앨런 그로우브즈와 트램퍼 롱맨 3세는 필라델피아의 웨스트민스터 신학원 시절 나의 스승들이기도 하다. 따라서 나는 이들에게 이중의 빚을 진 셈이다. P&R 출판사의 짐 스코트와

톰 나터로는 독자들을 위해 여러 면으로 원고를 다듬어주었다. 그럼에도 이 책에 오류와 결함이 남아 있다면 그것은 전적으로 나의 책임이다.

특별히 가장 신실하고 열정적인 비평가인 아내 바브에게 감사한다. 아내는 캘리포니아 주 뉴라이프 장로교회의 여성 성경공부 그룹에서 이 책의 내용을 실제로 검증해 주었다. 그리고 이 책의 '묵상을 위한 질문' 가운데 상당수를 만들어주었다. 아내의 사랑과 꾸준한 지원이 없었다면, 나는 내가 하는 일에서 즐거움을 찾지 못했을 것이다. 사랑하는 나의 자녀, 제이미, 샘, 해너, 로우지에게도 고마움을 전한다. 아이들은 내가 현실의 삶에 굳게 발을 딛고 서도록 도왔을 뿐 아니라 삶에서 가장 소중한 것이 무엇인지 알게 해주었다.

그럼에도 이 책은 옥스퍼드의 리디머 장로교회(1992-95)에 바친다. 풋내기 목사에게 그토록 넘치는 사랑을 베푼 헌신적인 교인들은 아마도 없을 것이다. 바울이 디모데에게 말한 것처럼 그들은 순수한 마음으로 상대방과 공동체의 행복에 관심을 쏟으며, 자신의 이익보다 그리스도의 유익을 먼저 생각하는 사람들이었다(빌 2:20-21). 아내와 나는 그들을 떠올릴 때마다 하나님을 찬양한다. 하나님 나라에서 다시 만날 날을 고대한다. 그 날에 그들이 행한 수고의 열매들은 빠짐없이 드러날 것이다. 오직 하나님께 영광을!

여는 글

현실의 삶에서 분투하는 그리스도인을 위하여

현실과 이상 사이에서 괴리를 경험하게 될 때 우리는 어떻게 반응하는가? 하나님이 약속하신 것과 지금 눈앞의 현실 사이에 엄청난 차이가 나는 것처럼 보일 때, 어떤 심정인가? 우리의 삶이 이런저런 식으로 나아질 것이라 믿고 기대해 왔는데, 그 기대가 산산조각나는 현실에 부닥친다면 어떻게 하겠는가?

종려주일, 찬란한 햇빛 아래 모습을 드러내시는 예수님을 향해 "호산나! 찬송하리로다! 주의 이름으로 오시는 이여!"라고 환호하는 군중 틈에 섞인 그리스도인이 되는 것은 쉬운 일이다. 그러나 메시아의 죽음에 당혹해 하며, 그 죽음이 부활에 이르리라는 사실을 알지 못한 채 좌절감에 휩싸여 엠마오로 향하는 제자가 되는 것은 정말 힘든 일이다.

우리들 대부분에게 삶은 대개 저 쓸쓸한 엠마오의 길을 걷는 것과 같다. 어떤 이에게 이상과 현실 사이의 괴리는 예기치 못하게 직장을 잃는 순간, 게다가 장래에 대한 전망마저 불투명해질 때 갑자기 나타난다. 또 어떤 이에게는 질병 같은 건강상의 문제와 함께 찾아온다. 남편이나 아내, 또는 자녀의 죽음이 이런 괴리감의 원인이 될 수 있다. 자신이 속한 교회와 목회자에게 크게 실망했을 때도 그렇다. 이런 상황들은 하나님의 약속과 현재 자신이 처한 현실 사이의 차이를 절감하게 만들고 신앙의 위기를 초래한다. 이런 상황에 부닥칠 때 아마도 우리는 이렇게 말할지 모른다. "믿음으로 산다는 건 분명 이런 게 아닐 텐데…."

믿음의 위기에 직면할 때 우리는 무엇을 의지하는가? 현실의 벽에 가로막혀 오도가도 못하는, 즉 예루살렘에서 벌어진 상황을 모른 채 엠마오로 향하던 제자들처럼 좌절을 경험한다면 어떻게 해야 그 믿음을 회복할 수 있는가? 엠마오로 향하던 제자들에게는 예수님이 친히 해주셨던 말씀이 아마도 가장 훌륭한 해결책이 될 것이다. 옆에서 함께 걸으시던 그분이 누구인지 모른 채 제자들이 자기들의 절망감을 토로했을 때, 예수님은 이렇게 대응하셨다.

이르시되 미련하고 선지자들이 말한 모든 것을 마음에 더디 믿는 자들이여 그리스도가 이런 **'고난을 받고 자기의 영광에 들어가야 할 것'**이 아니냐 하시고 **'이에 모세와 모든 선지자의 글로 시**

작하여 모든 성경에 쓴 바 자기에 관한 것**'을 자세히 설명하시니라**(눅 24:25-27).

다시 말해, 예수님은 모세의 글(성경의 처음 다섯 권)로부터 시작해 모든 선지자의 글(구약의 나머지 책들)로 이어지는 구약 성경을 가르치시고, 그들에게 하나님 백성의 역사라는 실타래 속엔 언제나 '고난 뒤에 영광'이라는 패턴이 반복하여 나타난다는 사실을 설명해 주셨다. 그들이 구약 성경을 조금만 더 이해했더라면 예수님의 죽음과 부활로 인해 그처럼 충격받지는 않았을 것이다. 그랬더라면 그들은 하나님을 향해 흔들리지 않는 믿음을 견지하고 엄혹한 현실에 보다 더 준비된 모습으로 대응할 수 있었을 것이다.

우리의 모범, 아브라함

엠마오 도상의 설교에서 아브라함은 어떤 위치를 차지했는가? 물론 이 점에 대해 누가복음은 상세히 말하지 않는다. 하지만 예수님은 분명 아브라함의 이야기를 간과하지 않으셨을 것이다. 아브라함은 구약 성경에 등장하는 대표적인 믿음의 사람이기 때문이다. 그는 성경에 등장하는 어떤 인물 못지않게 견디기 힘든 현실에 직면했다. 그렇기 때문에 그는 믿음으로 산다는 것이 어떤 의미인지 누구보다 잘 알았다. 우리는 창세기에서, 우리와 다를 바 없이 약속과 현실 사이에서 살아가는 한 인물의 믿음과 실패의 기록을 만나게 된다.

실제로 아브라함은 구약 성경에서 본받을 만한 인물로 종종 언급된다. 이사야서 51장은 바벨론에서 포로 생활을 하던 유대인들에게 아브라함을 모범으로 삼으라고 권면한다. "너희의 조상 아브라함과 너희를 낳은 사라를 생각하여 보라 아브라함이 혼자 있을 때에 내가 그를 부르고 그에게 복을 주어 창성하게 하였느니라"(사 51:2). 다시 말해, 아브라함이 우르에서 하나님의 부르심을 받아 온갖 역경을 겪으며 약속의 땅을 (믿음으로) 소유했던 것처럼, 바벨론의 유대인들도 선조들에게 주신 약속을 이행하실 하나님을 믿어야 한다는 뜻이었다. 비록 현실의 상황은 불가능해 보일지라도, 아브라함의 하나님께서 자신들도 약속의 땅으로 다시금 돌아가게 하실 것이란 말이다.

그러나 아브라함이 신앙의 모범으로 여겨진 것은 바벨론 포로 시대보다 훨씬 이전이다. 아브라함에 대한 이야기를 자세히 살펴보면, 우리는 그 이야기가 광야 세대를 격려하기 위해 기록된 것임을 알 수 있다. 이스라엘 민족은 하나님의 부르심을 받아 애굽에서 나왔지만, 약속의 땅을 소유하는 것은 그들에게 요원한 일처럼 보였다. 그들도 그들만의 '엠마오' 도상에 올라 하나님의 부르심과 현실 사이에서 교착 상태에 놓여 있었다. 그러므로 그들에게도 아브라함은 따라야 할 모범인 동시에 죄를 피하게 하는 경고가 되었다.

애굽의 풍요로움은 광야 세대뿐 아니라 아브라함에게도 길을 벗어나게 유혹하는 커다란 시험이었다. 아브라함과 광야 세대 모두 어떤 식으로든 지름길을 택해 하나님을 '편하게 해드리고' 싶은 마음이 한켠에 있었다. 그것은 매우 강력하고도 실제적인 유혹이었다. 하나님이 약속하셨으나 (심지어 현실은 기이한 난관뿐인데) 전혀 보이지 않는 실체를 고대하고 소망하라는 아브라함을 향한 부르심은 이스라엘 백성에게도 경계가 되는 하나의 도전이었다.

우리는 어떠한가? 우리는 지금 광야에 살고 있는 것도 아니고, 바벨론에서 포로 생활을 하고 있는 것도 아니다. 그런 우리가 아브라함에게 무엇을 배울 수 있는가? 히브리서의 저자는 3-4장에서 이러한 물음에 답을 준다. 그리스도인으로서 지금 우리가 처해 있는 영적인 위치가 구약의 광야 세대가 부닥쳤던 현실과 근본적으로 유사하다는 점을 강조한다. 아직 우리는 안식에 들어가지 않았다(히 4:6).

또 우리는 복음의 약속에 불순종하여 하나님이 주실 복으로부터 떨어져나갈 위험을 안고 있다(히 3:12, 4:1). 비록 모든 피조물이 예수님의 권세 아래 복종하지만, 현실 세계를 살아가는 지금의 우리는 종종 이 세상의 구름에 눈이 가려 하늘의 실체를 분명하게 보지 못한다(히 2:8). 그러므로 우리는 믿음으로 살아갈 필요가 있다. 구약의 선조들이 그랬던 것처럼 말이다(히 11장). 우리는 아브라함의 삶을 통해, 하나님의 약속과 현실 사이에서 분투하는 그리스도인이 어떻게 살아가야 하는지 소중한 교훈을 얻을 수 있다.

아브라함과 복음

따라야 할 모범이 아브라함뿐이라면 우리는 가장 불쌍한 사람일 것이다. 비록 아브라함에게 흠결이 있었다고 하지만, 우리 중 누가 감히 그와 같은 영웅에 기준을 맞춰 살 수 있겠는가? 그러나 감사하게도 그리스도인으로서 우리의 구원은 아브라함의 행위를 얼마만큼 따르느냐에 달려 있지 않다. 오직 우리를 대신해 십자가에서 돌아가신 그리스도의 희생에 근거한다. 그 희생으로 말미암아 우리의 죄가 용서받고, 하나님의 진노가 우리에게서 떠나가며, 하나님과 우리가 화목하게 되었다.

다시 말해, 복음은 "아브라함이라면 어떻게 했을까?"가 아니라 "예수님이 무슨 일을 하셨는가?"에 있다. 그러므로 우리는 아브라함에 대한 성경 본문을 읽으면서, 그가 삶에서 보여주는 긍정적이거나 부정적인 모범을 살펴보기도 하겠지만, 무엇보다 그리스도의 예표이자 그림자로서 그가 어떻게 그리스도를 가리키고 있는지 확인할 수 있어야 한다.

결국 이 점이 바로 엠마오 도상 설교의 핵심이기도 했다. 예수님이 제자들에게 모세와 선지자들이 쓴 것에 대해 말씀하신 것은 거기에 제자들이 따라야 할 모범이 가득했기 때문이 아니라, 그 성경이 바로 예수님에 대해 말하고 있었기 때문이다. 성경은 특히 그리스도가 겪으실 고난과 그에 뒤따르는 영광에 대해 말한다. 이러한 점에서 구약 성경 전체는 전적으로 그리스도가 중심이 되시는 책이라 단언할 수 있다. 구약의 많은 사건들이 예수님의 삶에서 볼 수 있는 사건들과 피상적으로 유사하다는 것이 아니다. 보다 심오한 측면에서, 구약 성경은 하나님의 구상에 따라 그리스도의 고난과 영광을 이해할 수 있도록 돕는 배경을 제공해 주기 때문이다.

약속과 성취, 부르심과 현실 사이의 거대한 괴리 속에서도 믿음을 붙들고 살기 위해 우리에게 가장 필요한 것은 훌륭한 인물을 모범으로 정해 놓고 그를 따르는 것이 아니다. 그것보다는 예수 그리스도의 복음, 그분의 고난과 영광을 보다 잘 이해하는 것이다. 이것은 우리가 현재 처한 고난을 인내하고 다가올 영광을 소망하는 지지대가 된다.

1
준비하시는 하나님

테니스 선수라고 곧바로 윔블던에서 뛸 수 있는 것은 아니며, 바이올린 연주자라고 누구나 카네기 홀에 설 수 있는 것도 아니다. 그 정도의 실력이 되려면 훨씬 이전, 대개는 아주 어릴 적부터 준비해야 한다. 보통의 사람이라면 당연하게 누릴 많은 것을 희생해야만 그 자리에 오를 수 있다. 다른 사람들이 쉬는 동안에도 연습을 중단하지 말아야 한다. 테니스 선수라면 로브, 스매시, 서브, 백핸드 등을, 바이올린 연주자라면 아르페지오, 활 켜기, 손가락을 쓰는 운지법 등을 마스터해야 한다.

오랜 기간의 준비 없이는 인생의 목표, 즉 대중의 이목을 한 몸에 받는 영광의 순간을 누리지 못한다. 초보자에게 최고 수

준의 연주를 기대하는 것 자체가 불합리한 일이다. 때로는 지루하기까지 했을 오랜 준비 기간을 거쳐 능숙해진 사람만이 영광의 자리에 올라설 기회를 얻는다.

하나님을 섬기는 일도 마찬가지다. 하나님은 마치 빈틈 없는 코치나 노련한 교사처럼, 성도들이 각자의 부르심을 따라 섬길 수 있게 (그들을 쓰시기 전에) 먼저 준비시키신다. 예컨대, 하나님은 이스라엘 백성을 애굽에서 이끌어내는 임무를 맡기시기 전, 먼저 모세로 하여금 40년 동안 광야에서 양을 돌보게 하신다. 모세는 자신이 돌보던 양떼 못지않게 완고한 무리들을 40년 간 광야에서 이끌어야만 하는 임무를 수행해야 했다. 인내를 배우는 데 그보다 더 훌륭한 준비가 어디 있겠는가?

다윗 역시 목자의 삶을 통해 용기를 배웠다. 사나운 들짐승에게서 양떼를 지키는 법을 배웠고, 훗날 가장 사나운 짐승이랄 수 있는 골리앗에게서 하나님의 양떼를 지키라는 부르심을 받는다. 요컨대 하나님은 자기 백성이 부르심의 일을 감당하기 위해 먼저 어떤 준비가 필요한지 알고 계셨다.

아브라함과 사라의 준비

섬김을 위해 준비가 필요하다는 원리는 아브라함의 생애에서도 분명하게 드러난다. 우리는 종종 아브라함의 이야기에서 이 같은 측면을 간과하는 경향이 있는데, 그것은 아브라함의 이야기를 대개 창세기 12장에서부터 읽기 때문이다. 엄밀히 말해, 아브라함의 이야기가 시작되는 곳은 12장이 아니다.

창세기에는 주요 단원이 새롭게 시작될 때마다 "…는 이러하니라"(This is the account of …)는 표현이 공식처럼 등장한다. 예를 들면, "노아의 사적은 이러하니라"(창 6:9, 개역한글), "아브라함의 아들 이삭의 족보는 이러하니라"(창 25:19), "야곱의 족보는 이러하니라"(창 37:2) 등이다. 아브라함의 이야기도 창세기 11장 27절에서 동일한 방식으로 시작된다. "데라의 족보는 이러하니라." 우리는 창세기 12장의 흥미진진한 이야기로 빨리 넘어가고픈 마음에 이 대목을 건너뛰곤 한다. 별로 중요하지 않은 족보이며, 부수적인 기록이라고 생각하기 때문이다. 구약학자 정도나 관심을 가질 뿐 보통 사람에겐 특별히 해줄 만한 이야기가 없는 내용 아닌가? 그렇지 않다! 사실은 정반대다! 창세기 11장 27-32절은 아브라함의 부르심과 뒤이은 행적의 배경에 관해 우리에게 결정적인 정보를 제공해 준다.

우리가 아는 바와 같이 하나님과 아브라함의 관계는 75세의 아브라함이 가나안을 향해 떠나려 하던 때 처음 시작된 것이 아니다. 하나님은 느닷없이 하란에 오셔서 자기 백성의 선조 역할을 수행할 만한 퇴직자를 찾으신 것이 아니다. 하나님은 오랫

동안 아브라함을 준비해 오고 계셨다. 비록 아브라함 (당시는 아브람으로 불렸다) 자신은 그 같은 사실을 인지하지 못했지만 말이다. 당시 배경이 창세기 11장에 기록되어 있다.

> 데라가 그 아들 아브람과 하란의 아들인 그의 손자 롯과 그의 며느리 아브람의 아내 사래를 데리고 갈대아인의 우르를 떠나 가나안 땅으로 가고자 하더니 하란에 이르러 거기 거류하였으며 데라는 나이가 이백오 세가 되어 하란에서 죽었더라(창 11:31-32).

여기서 우리는 처음에 아브람을 데리고 가나안으로 가려 했던 사람은 사실 그의 아버지 데라였음을 발견한다. 성경은 그가 무슨 이유로 가나안으로 가려 했는지 말하지 않는다. 역사적으로 볼 때, 이 시기에 중동 지역에서는 대규모의 인구 이동이 있었다. 데라, 아브람, 롯도 그들만 따로 푸른 초장을 찾아 이주했을 리 없다. 하지만 그들은 처음 의도했던 가나안으로는 가지 않았다. 무슨 이유에선지 (그 이유에 대해서도 우리는 알지 못한다) 그들은 하란에 멈추어 그곳에 정착했다. 그럼에도 '가나안으로 가는 것'에 대한 생각은 그때부터 이미 아브람에게 전혀 생소한 것이 아니었다.

앞서 아버지 데라와 함께 우르에 있는 집과 가족을 떠나는 경험 또한 아브람에겐 하나의 준비 과정이었다. 그리고 하나님이 아브람에게 일어나 가나안으로 가라고 하셨을 때 그는 순종할 채비가 되어 있었다. 아브람이 하나님의 부르심을 듣고 응답할 수 있었던 건, 그것이 갑작스런 일이 아니었기 때문이다. 비록 예상치 못한 측면이 있긴 했지만, 하나님은 이처럼 장래의 사역을 위해 자기 사람들을 앞서 준비시키셨다.

물론 데라도 의미없는 인물은 아니다. 창세기 11장 10-26절의 족보를 보면, 그가 노아의 아들 셈의 계보에서 나왔다는 것을 알 수 있다. 그는 하나님이 여러 세대를 통해 역사하시던 바로 그 계보의 자손이었다. 더욱이 창세기 5장과 11장 10-26절의 족보에서 주목할 것은, 열 번째 인물이 중요한 의미를 갖는다는 사실이다. 노아는 아담에서 시작하는 (창세기 5장의) 계보에서 열 번째에 해당하는 족장으로, 이 노아를 통해 아담 계보가 홍수로부터 보존된다. 마찬가지로 아브람은 (창세기 11장의) 셈 계보에서 열 번째에 해당하는 족장인데, 이는 아브람을 통해 새로운 구원 역사가 시작될 것임을 암시한다.

처음부터 하나님의 계획은 하와의 후손, 곧 구속자에 대한 약속(창 3:15) 성취를 위해 경건한 계보를 보존하시는 것이었다. 하나님은 이 여자의 '씨'가 사탄과 그 무리에 대해 최종적으로 승리하도록 의도하셨다. 그런데 이 경건한 계보가 처음부터 안팎으로 위험에 처했다. 아벨의 제물만 받아들여진 데 분노한 가인이 동생을 살해한다(창 4:8). 그러자 하나님은 하와에게 또

다른 자녀, 문자 그대로 '또 다른 씨'(창 4:25)를 주심으로 대응하신다. 인류가 채 몇 세대도 지나지 않아 완전히 부패했을 때, 하나님은 홍수를 통해 노아를 보존하셔서 약속의 계보가 이어지게 하신다(창 6-9장). 그리고 아브람에 이르러 구속사의 새로운 장이 열린다. 비록 아브람은 하나님이 그 임무를 위해 자신을 준비시키고 계시다는 사실을 몰랐겠지만, 모든 것은 준비되고 있었다.

(나중에 사라로 이름이 바뀌는) 사래 역시 여자로서는 견디기 어려운 시련으로 훈련받으며 준비되고 있었다. 창세기 11장 30절은 사래가 "임신하지 못하므로 자식이 없었더라"고 연이어 말한다. 여성의 가치가 출산 능력에 따라 매겨지던 사회에서 자식을 낳지 못한다는 것은 치명적인 아픔이었다. 사래는 자식을 낳지 못하는 자신의 처지로 인해 눈물을 쏟았을 것이다. 그러나 역설적이게도 그녀의 이러한 무기력함이, 하나님이 그분의 뜻을 이루기 위해 그녀를 준비시키시는 데 결정적으로 작용했다. 그녀가 약속된 후손의 어머니가 되려면, 하나님의 직접적인 개입 없이는 그녀 스스로 아이를 낳을 수 없어야 했다.

에베소서 2장 10절에서 바울은 "우리는 그가 만드신 바라 그리스도 예수 안에서 선한 일을 위하여 지으심을 받은 자니 이 일은 하나님이 전에 예비하사 우리로 그 가운데서 행하게 하려 하심이니라"고 말한다. 여기서 이런 질문이 생긴다. "하나님이 예비하고 계신다는 선한 일이란 무엇인가?" 지금은 "잘 모르겠다"는 대답이 적절해 보인다.

하나님이 의도하시는 바가 언제나 명확한 것은 아니다. 어쩌면 모세는 자신이 왜 양떼나 지키며 광야에 묻혀 살아야 하는지 의아했을 것이다. 자신이 아주 잊혀졌다고 느꼈을 수 있다. 다윗 역시 (자신에게 꼭 맞는) 장래의 어떤 위대한 일을 위해 자신이 준비되고 있다는 사실을 모른 채 살았을 것이다. 갈대아 우르에서 하란으로 향하던 아브라함도 자신을 이끌고 계신 손길을 느끼지 못했을 것이며, 사라도 자신이 눈물을 흘려야 하는 이유에 대해 아무 설명을 듣지 못했을 것이다. 훗날에야 비로소 그들은 뒤를 돌아보며, 하나님이 선한 일을 위하여 자신들의 삶에서 모든 것을 인도하셨음을 깨달을 일이었다. 하지만 당시에는 비록 이해되지 않더라도 하나님께 기대어 믿는 것밖에 다른 방도가 없었다.

물론 하나님이 자주 사용하시는 방법이 무엇인지 알 수 있다면, 우리 삶에 결정적인 참고 자료가 될 것이다. 하나님이 장래의 어느 시점에 우리에게 임무를 맡기시려고 앞서 준비시키는 과정의 일환임을 헤아릴 수 있기 때문이다. 하지만 모든 것은 언제일지 모를 훗날에서야 지금의 상황을 돌아보며 비로소 알 수 있을 뿐이다. 그러므로 현실의 상황이 당장은 이해되지 않더라도 하나님께 매달려 그분을 믿는 도리 밖에 없다.

나의 경험

나의 경험을 예로 들어보자. 열일곱 살 때 하나님이 나를 목회 사역으로 부르고 계심을 느꼈다. 그때 나에게 결정적으로 그런 느낌을 준 것 가운데 하나가 로마서 15장 20절이었다. 바울은 "나는…복음을 전하는 것을 명예로 삼았습니다"(표준새번역)라고 선언한다. 십대 때 이 구절은 내 가슴에 커다란 울림을 주었고, 나는 이 말씀을 바울의 선교 열정에 동참하라는 하나님의 부르심으로 받아들였다. 그러나 몇 년 뒤, 나는 바울의 편지를 절반만 읽었다는 사실을 깨달았다. 그가 실제로 전한 내용은 이것이다. "나는 그리스도의 이름이 알려진 곳 말고 알려지지 않은 곳에서 복음을 전하는 것을 명예로 삼았습니다. 그것은 내가, 남이 닦아놓은 터 위에다가 집을 짓지 않으려고 한 것입니다"(표준새번역).

다시 말해, 바울이 실제로 선언한 것은 복음 전파에 대한 결의라기보다 교회 개척에 대한 결의였다. 본문의 뜻이 그렇다는 걸 깨달은 순간, 나는 성도들 앞에서 주님이 우리에게 영국 옥스퍼드에 교회를 개척할 기회를 열어주고 계심이 분명하다고 막 말하고 있었다. 나는 하마터면 뒤로 넘어질 뻔했다. 로마서 본문을 읽으며 부르심을 경험하던 십대 땐, 먼 훗날 어떤 일이 벌어질지 아무것도 예상하지 못했다. 시간이 흘러 마침내 모든 것이 분명해지는 순간, 모든 것을 하나님이 앞서 준비케 하셨음을 깨달은 것이다. 하나님이 그분의 목적을 위해 우리를 여기까지 데리고 오셨다는 사실을 확신할 수 있었기에, 우리는 옥스퍼드에 있는 내내 큰 위로를 얻었다.

 이러한 경험은 우리 모두에게 하나의 원리처럼 적용될 수 있다. 우리가 부닥쳐 있는 현실은 하나님이 우리를 위해 계획하신 장래의 선한 일을 위한 준비 과정일지 모른다. 그렇다면 이는 정말 힘을 주는 진리 아닌가! 물론 주의는 필요하다. 지금 하나님의 역사하심을 느낀다고 해서 그것을 절대적인 것으로 못박아선 안 된다. 우리는 오류를 범하기 쉬운 존재이기 때문이다. 오로지 성경만이 우리 삶에서 오류가 없는 원리임을 잊어선 안 된다. 그러므로 하나님의 인도하심이 아무리 두드러진다 해도 우리의 느낌을, 성경 말씀 및 교회 지체들을 통해 거르고 분별해야 한다. 그 분별에 우리의 느낌을 복종시켜야 한다. 전반적인 상황이 일관되게 우리를 한 방향으로 이끌어가거나, 하나님이 선한 일을 위해 우리를 인도하신다는 사실이 백일하에 드러날 때, 비로소 우리는 힘을 얻고 감사해야 한다.

 자기 백성을 불러 고유한 섬김의 일을 맡기시기 앞서, 수많은 현실의 상황 속에서 우리를 준비시켜 가시는 하나님을 찬양하자! 그런데 이것이 젊은이들만 배울 수 있는 교훈은 아니다. 모세와 아브라함은 다른 사람들이 이미 은퇴했을 나이에 이르러서도 여전히 준비 단계에 머물러 있었다.

준비한다고 성공이 보장되는 것은 아니다

오랫동안 준비한다고 성공이 보장되는 것은 아니다. 하나님은 아브람과 사래를 준비시키셨고, 그들을 통해 모든 민족이 복을 받게 될 큰 민족이 되도록 부르셨지만, 오랜 기간 그들이 다른 민족과 달랐던 점이라고는, 그들에게 하나님의 약속이 주어졌다는 사실이 전부였다. 그들이 하란을 떠나 가나안으로 이동하는 동안 그들이 올라탄 낙타에 영광스러운 후광이 둘려져 있던 것도 아니고, 이스라엘 백성이 애굽에서 나왔을 때처럼 구름기둥과 불기둥이 그들을 인도한 것도 아니었다. 중동 지역에서 많은 사람이 대 이주를 하던 시절이었으므로, 그들은 그저 많은 이주자 가운데 하나쯤으로 보였을 것이다. 다만 하나님의 (겉으로 드러나지 않는) 약속만이 그들을 구별해 주었다.

이것은 오늘날에도 마찬가지 아닌가? 그리스도인이 아닌 우리의 이웃과 우리 사이의 차이점은 무엇인가? 사실 우리가 그들보다 더 잘난 것도, 더 부유한 것도, 더 건강한 것도 아니지 않은가? 우리도 그들과 다를 바 없이 많은 어려움과 시련을 겪는다. 그렇다면 그들과 우리를 구별해 주는 것은 무엇인가? 오직 하나님의 약속뿐이다. 그리스도인인 우리는 하나님이 이 세상을 향한 자신의 목적을 이루기 위해 우리 안에서, 우리를 통해 역사하고 계시다는 사실을 알고 있다. 또 그리스도인인 우리는 하나님이 매사에 자신을 사랑하는 사람들의 유익을 위해 일하신다는 사실을 알고 있다(롬 8:28).

우리가 이상과 현실의 괴리 가운데 힘들어하는 것도 바로 이 하나님의 약속 때문이다. 논리적으로 말한다면, 그리스도인이 아닌 사람에게는 이상과 현실 사이의 괴리가 있을 수 없다. 그들의 인생은 잘될 수도 있고 못될 수도 있지만, 어느 쪽이든 의미가 있을 리가 없다. 인간이란 존재가 원자들의 우연한 결합에 불과하다면, 그의 인생이 잘된다고 해서 거기에 어떤 목적이 있는 것이 아니며, 반대로 그가 고난을 겪는다고 해서 거기에서 의미를 찾을 수 있는 것도 아니다. 그리스도인이 아니라면 그들에게는 내세울 만한 약속이란 게 없기 때문이다. 그들은 그저 모든 게 다 잘될 것이라는 막연한 희망 속에서 살아가는 길 밖에 없다.

그리스도인은 그렇지 않다. 그리스도인은 하나님이 모든 것을 주관하시며, 비록 겉으로는 다르게 보일지라도, 하나님이 하늘과 땅의 모든 일들을 통해 자신의 영광과 우리의 유익을 위해 뜻을 품고 일하신다는 사실을 알고 있다. 이러한 믿음 때문에 우리는 어떤 특별한 상황에서 예측하지 못한 결과가 나타나고 그것을 도무지 이해하지 못할 때, 이상과 현실 사이의 괴리를 경험하게 되는 것이다.

이상과 현실 사이에서 흔들리지 말기

비관적인 상황에 부닥쳐 인간 관계가 깨지고, 고통을 당하며 이상과 현실의 괴리로 힘들어할 때 어떻게 우리는 흔들리지 않을 수 있는가? 대답은 (적어도 이론적으로는) 간단하다. 하나님의 약속을 붙잡고, 약속의 하나님께 매달리는 것이다. 이해하려고 할 필요는 없다. 놓치지만 않으면 된다. 아브라함이 배워야 했던 교훈도 바로 이것이다. 우리와 마찬가지로 아브라함도 그 교훈을 배워야 했다. 한두 번으로는 충분하지 않았다. 반복해서 배워야 했다. 그가 이 교훈의 의미를 깨닫기까지는 적지 않은 시간이 필요했다.

　우리는 아브라함보다 유리한 지점에 서 있다. 하나님이 자기 백성을 다루셨던 모든 역사가 성경에 기록되었고, 우리를 위한 교육 자료가 되었기 때문이다. 나아가 우리를 위한 하나님의 약속은 그리스도의 상처 입은 육체와 그분이 흘리신 보혈 속에 기록되고 인쳐졌다. 반면 아브라함이 자기 고향과 가족을 떠나면서 의지할 수 있었던 것은 오로지 자기를 부르신 하나님의 말씀뿐이었다. 그런데 우리에게는 또다른 보증이 있다. "자기 아들을 아끼지 아니하시고 우리 모든 사람을 위하여 내주신 이가 어찌 그 아들과 함께 모든 것을 우리에게 주시지 아니하겠느냐"(롬 8:32).

그러므로 주의 만찬에 참여하는 일은 우리에게 커다란 격려가 된다. 성만찬에서 우리는 하나님의 약속으로 말미암아 세상과 구별됨을 드러내며, 믿음으로 말미암아 약속의 서명과 보증식에 동참한다. 이 자리에서 우리는 그리스도가 우리를 위해 죽으셨음을 기억한다. 이 세상이 아닌 저 하늘에서는 죄사함이나 죄사함의 필요조차 더이상 없음을 다시 한번 기억하게 된다. 또 우리는 예수 그리스도가 다시 돌아와 우리를 하나님나라의 처소로 인도하실 것이며, 우리는 그분 앞에서 또다시 만찬을 함께하고, 약속과 현실 사이의 괴리가 영원히 제거될 것임을 기대하게 된다.

이 만찬 자리에서 우리는 한결 같은 은혜와 죄인들을 향한 헤아릴 수 없는 사랑을 품으신 하나님을 찬양한다. 천천히, 참을성 있게, 그러나 온전하게 죄인을 변화시켜 그분 앞에 영원히 설 수 있는 믿음의 성도로 빚어가시는 하나님을 찬양한다.

※ 묵상을 위한 질문 ※

1. 아브라함은 하나님의 부르심에 순종해 가나안을 향해 떠났다. 아브라함의 이 경험은 하나님의 부르심에 순종하는 일에서 당신에게 어떤 모범이 되는가?

2. 하나님은 자신의 뜻에 따른 부르심의 일을 위해 다음의 인물들을 어떻게 준비시키셨는가? 요셉(창 37-46장), 모세(출 2-14장), 다윗(삼상 16-20장), 에스더(에 2-4장), 바울(행 7:54-9:31).

3. 하나님은 부르심의 일을 맡기기 위해 지금 당신의 삶에서 어떤 일을 행하고 계신가?

4. 하나님이 당신을 부르신다는 사실이 두렵게 느껴진 적이 있는가? 그 이유는 무엇인가?

5. 창세기 11장 27-32절은 하나님을 신뢰하는 데 어떤 도움을 주는가?

2
믿을 수 없는 것 믿기

그 편지는 이렇게 시작되고 있었다. "더귀드 씨, 250만 달러를 당장 벌게 해드리겠습니다." 아마도 그 편지에는 내 재산을 이용해 돈을 모으는 방법에 관한 어떤 제안이 적혀 있었을 것이다. 나는 그 편지를 곧장 쓰레기통에 던져버렸고 그래서 그 내용이 구체적으로 무엇이었는지 모른다.

세상에는 너무 엄청나서 사실로 받아들이기 어려운 일들이 있다. 성경에도 나 같은 회의론자가 믿기에는 도무지 가당치 않은 약속들이 있다. 그래서 나는 하나님이 아브람을 불러 다음과 같이 말씀하셨을 때, 아브라함이 어떠한 반응을 보였을지 매우 궁금하다.

내가 너로 큰 민족을 이루고 네게 복을 주어 네 이름을 창대하게 하리니 너는 복이 될지라 너를 축복하는 자에게는 내가 복을 내리고 너를 저주하는 자에게는 내가 저주하리니 땅의 모든 족속이 너로 말미암아 복을 얻을 것이라(창 12:2-3).

아브람이 어떤 생각을 했는지 성경에는 아무 기록이 없다. 그가 이 소식을 아내에게 어떤 식으로 전했는지도 성경은 말하지 않는다. 그가 순종했다고만 나와 있다. 하나님은 말씀하셨고, 아브람은 떠났다는 게 이 이야기의 전부다.

이것은 태초에 만물이 창조되던 때와 똑같다. 하나님은 말씀하시고 모든 것이 그 말씀대로 되었다. 마찬가지로 인류의 새 창조에 있어서도, 하나님은 말씀하시고 그 말씀대로 이루어질 것이다.

인류의 새로운 시작

우리는 창세기 12장의 사건이 인류의 새 창조와 다를 바 없다는 사실을 놓쳐서는 안 된다. 창세기가 1장에서 11장까지 이어지는 동안, 에덴 동산에서 처음 발원한 죄가, 천천히 지속적으로 그러나 놀라울 만큼 확산되는 것을 보게 된다. 그 일련의 과정에서 마치 하나님은 동산의 피조물에게 허락하셨던 복을 대체하시려는 듯, 죄와 죄인들에게 다섯 차례 저주를 선포하신다.

그러다 12장에서 하나님은 아브람에게 다섯 겹의 복을 선언하시면서, 자신을 위해 직접 한 민족을 새롭게 창조하는 작업을 시작하신다. 하나님은 아브람에게 복에 복을 더하사 그를 복의 화신, 즉 복이란 어떤 것인지를 말해 주는 살아 있는 모범으로 삼으실 것이다. 유명 야구선수 베이브 루스가 '미스터 베이스볼'이라고 불린다면, 아브람은 '미스터 복덩이'로 불리게 될 것이다. 바벨탑을 건설하던 자들이 도모했던 일 (즉 영구적인 도성을 세워 자기들의 이름을 떨치려 했던 일)을 하나님이 아브람을 위해 행하실 것이다. 그로 한 민족을 이루게 하시고, 그의 이름을 위대하게 만드실 것이다. 아브람이 순종할 때 그를 통해 온 세상이 복을 얻게 될 것이다. "땅의 모든 족속이 너로 말미암아 복을 얻을 것이라"(창 12:3). 온 세상에 복을 주시려는 하나님의 원래 계획은 아브람의 순종을 통해 결실을 맺게 될 것이다. 아브람은 권세와 명성과 지위를 한꺼번에 약속받은 셈이다.

그 복은 아브람이 '큰 민족'이 됨으로써 실현될 것이다(창 12:2). 이 약속에 (드러나지 않은) 암시된 내용들은 나중에 하나님이 아브람에게 그의 후손과 그들이 살 땅을 허락하시는 대목에서 구체적으로 드러난다. 실제로 모세오경은 주로 그 복과 후손 및 땅에 대한 약속이 성취되는 과정을 기록한 것이라고 해도 과언이 아니다.

그런데 이 모든 약속의 성취 앞에는 근본적인 장애물이 놓여 있다. 죄인들이 어떻게 하나님의 복을 누릴 수 있는가? 늙어 아이를 낳지 못하는 부부가 어떻게 후손을 가질 수 있는가? 이미 다른 사람들이 차지한 땅을 어떻게 소수의 사람들이 소유할 수 있는가? 인간적인 관점에서 바라보면, 이 장애물들은 극복 불가능해 보인다. 하지만 모세오경이 보여주듯, 무(無)에서 만물을 창조하신 전능하신 주권자 하나님이 뜻하신 일을 가로막을 것은 아무것도 없다.

너무 좁은 시야

약속이 크면 클수록 우리의 믿음에 요구되는 것도 많아진다. 더 넓은 시야도 요구된다. 아브람에게 선택의 기회가 주어졌다면, 그는 몫 좋은 10만 평의 대지를 요구했을지 모른다. 자신과 가족들이 먹고 살기에 그 정도면 충분하지 않은가? 그러나 하나님은 아브람이 필요로 하는 것보다 훨씬 많은 것을 주는 쪽을 택하셨다. 온 나라를 주기로 하신 것이다. 하나님은 시선이 닿는 곳 동서남북의 모든 땅을 아브람에게 주겠다고 말씀하신다(창 13:14-15).

아브람은 (비록 여종 하갈이 낳았다고 해도) 그 아들 하나로 만족했을 것이다. 이 사실은 창세기 17장에서 사라가 아들을 갖게 될 것이라고 하나님이 말씀하실 때 그가 보인 반응으로 알 수 있다. 그는 속으로 웃으면서 이렇게 말한다. "이스마엘이나 하나님 앞에 살기를 원하나이다"(창 17:18). 추측하건대, 아브람이 진정 하고 싶었던 말은 이랬을 것이다. "하나님, 그건 너무 어려운 일입니다. 좀더 합리적인 제안을 해주시죠." 사래에게 자식을 기대하기에는 둘의 나이가 너무 많았기 때문이다. 그러나 하나님의 뜻은 아브람이 아내의 여종들을 통해 아들을 얻는 것이 아니었다. 하나님은 아브라함이 사래를 통해 자손을 얻게 하기를 원하셨다. 그것도 하늘의 별과 땅의 티끌만큼 많은 자손을 말이다. 아브람이 그저 안락한 노후를 보내기에 적당한 재산을 주시는 건 하나님의 뜻이 아니며, 그에게 온 땅을 주고자 하셨다. 그런 점에서 보면 아브람의 시야가 너무 좁았다. 하나님은 아브람과 더불어 뭔가 거대한 일을 하기 원하셨던 것이다.

당신은 어떠한가? 너무 좁은 시야에 갇혀 있지는 않은가? 지금 주어진 것들에 안주하고 있지는 않은가? 하나님이 당신의 삶에서 거대한 일을 벌이실 것에 대한 믿음이 없기에 손쉬운 선택지를 선호하고 있지는 않은가? 물론 하나님은 당신에게 작은 일에도 충성할 것을 요구하신다. 하지만 그 일은 당신의 진짜 부르심이 아닐지 모른다. 그것이 아니라면 어쩌면 당신은 보다 큰 것을 바라는 것 자체를 두려워하고 있을지 모른다.

당신의 교회는 어떠한가? 하나님이 그곳에서 위대한 일 행하시는 것을 보기 원하는가? 하나님께 그곳에서 위대한 일 행하시기를 기도하는가? 아니면 이 풍진 세상에서 살아남은 것으로 만족하는가? 하나님이 무언가 극적인 일을 행하시는 것을 목격하기를 우리는 얼마나 자주 기대하는가? 상상하기 힘든 일이라고 해도, 그것은 우리가 위대한 사명을 받드는 하나님의 군대의 일원이라는 사실에 비춰보면 우리의 시야가 너무 좁은 건 아닌지 되짚어볼 일이다.

우리는 위대한 사명을 짊어진 하나님의 군대의 일원이다. 우리는 땅끝까지 복음을 전하라는 위임령을 받았다. "가서 모든 민족을 제자로 삼아"(마 28:19). 이 명령과 더불어 우리에게는 하나님의 약속이 주어졌다. "내가 세상 끝날까지 너희와 항상 함께 있으리라"(마 28:20). 하나님이 우리와 함께 계신다면 어떤 사명인들 불가능하겠는가? 아브람처럼, 우리는 하나님이 주신 약속에 따르는 보다 큰 도전에 시선을 맞출 필요가 있다.

위대함에 이르는 길

아브람은 '자기 희생'의 발걸음을 내딛어 위대함에 이르는 길로 들어섰다. 세상을 구원하겠다는 하나님의 약속 실현의 도구로 쓰이게 될 아브람은, 먼저 그가 소중하게 여기던 모든 것들과 결별해야만 했다. 그는 자신의 고향과 가족, 그리고 친구와 친척들을 떠나야 했다. 우르와 하란은 당시 메소포타미아 지역에서 무역의 심장부인 세 지역 가운데 두 곳이었다. 말하자면 아주 영향력 있는 사람들이 살고 있는 지금의 뉴욕과 로스앤젤레스 같은 곳이었다. 그는 모든 것을 뒤로 한 채 떠나야 했다.

어디로 가야 하는가? 아브람은 목적지에 관해서는 구체적으로 들은 바가 없다. 단지 "내가 네게 보여 줄 땅으로 가라"(창 12:1)는 말씀만 들었을 뿐이다. 만일 목적지를 구체적으로 들었더라도 아브람이 기뻐했겠는가? 그렇지 않았을 것이다. 그는 끊임없이 침범하는 적들과 싸워야 하고 시시때때로 정복자들에게 노략질 당하느라 소유 개념도 불분명하고 값어치도 없는 그런 땅을 소유하게 될 것이었다. 그러나 하나님은 말씀하셨고, 아브람은 떠났다.

길을 나선 아브람의 첫 번째 관심사는 어딘지 모를 넓고 머나먼 땅을 다니는 동안 제단을 쌓고 여호와의 이름을 부르는 것이었다. 성경에는 세겜(창 12:6), 벧엘과 아이 사이(8절), 네게브(9절 - 개역개정에는 '남방')만이 언급된다. 이 지역은 창세기 34-35장이 말하는 바, 훗날 약속의 땅으로 돌아오던 야곱이 방문한 곳이며, 또 여호수아의 정복 전쟁에서 핵심이 되는 요충지이기도 했다. (신앙적으로든 전략적으로든 매우 중요한) 그곳에 아브람은 제단을 쌓아 하나님의 하나님 되심을 고백했던 것이다. 하지만 그의 행동은 창세기 1장에서 11장에 이르도록 줄곧 경건한 세대가 지속적으로 해오던 일을 행한다는 의미가 있었다. 창세기 4장 26절에 따르면 셋의 아들 에노스 시대에 이르러 사람들은 여호와의 이름을 부르기 시작했다. 그들은 가인과 아벨 시대만큼 이른 시기에 이미 희생제사를 드리고 있었다. 바벨탑의 건설자들은 여호와의 이름을 부르지도, 희생제사를 드리지도 않았다. 하지만 아브람은 그 뿌리가 달랐다. 그에게 있어 예배는 본질적인 것이며 자연스러운 일이었다.

상황에 압도된 믿음

그러나 아브람은 이내 상황에 압도되어 그 땅으로 가던 걸음을 돌이킨다. "그 땅에 기근이 들었으므로"(창 12:10)라는 짤막한 언급이지만, 불길한 예감으로 가득 차 있다. 어쨌든 그곳은 약속의 땅이었다. 아브람이 젖과 꿀이 흐르는 땅을 기대한 것은 당연하지 않은가? 그러나 아브람은 그 땅이 자신과 얼마 안 되는 가족들도 먹여 살리지 못할 곳임을 알고는 장막조차 치지 못했다. 어떻게 그런 곳에서 하나님의 약속이 실현되고 자신을 통해 큰 민족이 나올 것을 기대할 수 있단 말인가? 아브람의 믿음은 당장 시험을 받았고, 그는 흔들렸다.

당신도 이런 경험이 있는가? 하나님의 뜻이라는 확신을 품고 어떤 일을 시작했다. 처음에는 희망이 가득했다. 그런데 채 몇 걸음 떼기도 전에 모든 계획이 틀어지고 말았다. 기대하던 것 가운데 하나도 이루어진 것이 없다. 상황은 엉망이 되고 지금껏 걸어온 길에 과연 하나님의 인도하심이 있었는지 의구심이 든다. 이럴 때 우리도 아브람의 실패를 공감하게 된다.

애굽으로 내려가다

애굽으로 내려가는 아브람의 뒷모습이 보인다. 종종 구약 성경에서 애굽으로 내려간다는 것은 '여호와에 대한 신뢰'를 대신하는 선택지로 간주된다. 출애굽한 이스라엘 백성이 광야에서 굶주릴 때, 하나님이 양식을 주실 것을 신뢰하는 대신, 애굽을 그리워하던 장면도 마찬가지다. 하나님이 만나를 내려주셨음에도, 그들은 생선, 과일, 채소 등 애굽의 음식을 더 바랐다. 언제 비가 내릴지 모르는 광야보다는, 정기적으로 비가 내리고 범람하는 나일강 유역의 애굽이 기근을 만난 아브람 같은 인물이 의지하기엔 매우 합리적인 정박지였다.

애굽으로 내려가는 것이 합리적이었을 수 있으나, 지혜로운 선택은 아니었다. 왜냐하면 그 즉시 하나님의 약속이 위기에 직면했기 때문이다. 아브람은 약속의 땅에 대한 권리 행사를 (적어도 일시적으로는) 스스로 포기했을 뿐 아니라, 그 땅을 소유하게 될 약속의 후손들을 위험에 빠뜨리는 결과를 초래했다. 사건의 발단은 아브람이 자신의 아내 사래를 누이라고 속임으로써 시작되었다. 어떻게 보면 불가피한 측면이 있었다. 게다가 실제로 사래는 그의 이복 누이였으므로(창 20:12) 새빨간 거짓말은 아니었던 셈이다. 아브람은 사래가 자신의 아내라는 사실을 그대로 밝히면 자신의 생명이 위태로울지 모른다는 위협을 느꼈다. 그의 우려가 현실화했다면, 그는 구약 성경에서 자신의 아내를 왕에게 빼앗기고 목숨까지 잃는 또다른 인물로 기억되었을 것이다(삼하 31장). 그러면 약속은 어떻게 되는 것인가?

아브람의 논리가 비록 합리적으로 보이긴 해도 거기에는 결정적인 오류가 있다. 그는 자신이 섬기는 하나님이 자신에게 닥친 문제보다 더 크시다는 사실을 잊었다. 아브라함은, 하나님이 자신과의 약속을 성취하시기 위해, 어떤 식으로든 (하나님 자신이 아닌 다른) 누군가의 도움이 필요하실 것이라는 오해를 하고 있었다.

앞으로 닥칠지 모르는 잠재적인 재앙에 대해서는 생각이 너무 많았던 반면, 결과가 어찌 되든 하나님께 순종해야 하는 일에 대해서는 생각이 너무 짧았던 것이다. 우리가 자주 범하는 과오도 이런 것이 아닌가? 우리도 이렇게 묻는다. "진짜 그렇게 되면 어쩌지?" "일이 잘못 되면 어떻게 해?" "사실대로 말했다간 큰일 날 텐데?"

궁리 끝에 내린 아브람의 영민한 선택은, 생존은커녕 하나님의 약속 전체를 어그러뜨리는 결과를 초래할 뻔했다. 아브람은 약속의 땅을 벗어났다. 바로의 궁전에서 아내 사래를 잃었다. 그의 잘못된 선택으로 인해 (모든 민족이 복을 얻기는커녕) 바로와 그의 집에 하나님의 큰 재앙이 임했다. 어떻게 보면 (아브람의 시각에서 보면) 계획은 멋지게 흘러가고 있었는지도 모른다. 덕분에 아브람은 가축과 노비를 얻어 부자가 되었으니 말이다(창 12:16). 또 모든 사람이 새 왕비(사래)의 오빠에게도 호의적으로 대했을 것이다.

하지만 그러는 동안 아브람은 무슨 생각을 했을 것 같은가? 확실하게 망쳐버린 하나님의 계획을 이 땅의 부귀영화로 만회할 수 있으니 다행이라 여겼겠는가? 그렇지 않았을 것이다. 이 세상의 좋은 것들을 얻는 대신 하나님의 부르심에 등을 돌리는 사람들 대개는 자신의 선택을 후회하며 살아간다. 그러나 선택을 내린 이상 물릴 수는 없다.

그러나 하나님께 감사하자. 그분의 계획은 그리 쉽게 취소되지 않으니 말이다. 말씀 한 마디로 우주를 창조하신 하나님은 인간 조력자들이 아무리 큰 과오를 범한다 하더라도, 그것 때문에 자신의 계획에 차질이 생기게 하지는 않으신다. 어떤 상황에서도, 인간의 어리석음에도, 심지어 죄악조차도 아브람을 복의 근원으로 삼으시려는 하나님의 뜻을 방해할 수 없다.

이것은 우리 모두에게 큰 위안이 된다. 우리는 너무 자주 훌륭한 동기에서 출발했다가 얼마 못 가 우리의 무능력과 두려움 때문에 곁길로 빠진다. 그래서 우리의 믿음을 나눌 기회를 망쳐버리고 만다. 다른 사람들과 다르지 않아야 한다는 식의 압력을 받으면, 우리의 거룩한 삶에 (포기는 아니더라도) 타협이라는 대안을 끌어들인다. 우리는 하나님에게 자꾸 걸림돌이 되고 만다. 그럼에도 불구하고 하나님의 뜻은 이 모든 것을 뛰어넘어 견고하게 선다. 그렇다고 우리가 나태해져도 된다거나 곤란한 상황을 꼼수로 해결하려고 시도해도 된다는 의미는 아니다.

하나님은 아브람이 매번 이 같은 상황에 처할 때마다 그를 원래의 자리로 데려다놓으실 것이다. 장애물 넘기를 주저하는 말을 계속 데려와 결국 뛰어넘게 만드는 조련사처럼 말이다. 아브람도 결국은 하나님이 누구의 도움 없이도 자신의 약속을 성취하실 분이라는 사실을 배우게 될 것이다.

창세기 12장과 예수 그리스도

창세기 12장은 단지 아브람의 성공과 실패를 말하려고 하는 게 아니며, 장차 오실 그리스도에 대해 말하고 있다는 사실을 놓치지 말아야 한다. 갈라디아서 3장의 바울의 말에서 이 핵심 연결고리를 찾을 수 있다.

> 이 약속들은 아브라함과 그 자손에게 말씀하신 것인데 여럿을 가리켜 그 자손들이라 하지 아니하시고 오직 한 사람을 가리켜 네 자손이라 하셨으니 곧 그리스도라(갈 3:16).

바울에 따르면, 아브람에게 주어진 약속들은 이미 그리스도를 염두에 둔 것이었다. 하나님이 창세기 12장 7절에서 아브람에게 "이 땅을 네 자손 (문자적으로는 '씨')에게 주리라"고 하신 것은 그리스도를 염두에 두신 말씀이었다. 다시 말해, 아브라함은 하나의 모형으로서, 미리 그리스도를 보여주는 인물이었다. 이 같은 사실은 창세기 12장을 대하는 전혀 새로운 관점을 열어준다. 아브람은 하나님의 명령에 따라 고향과 가족을 떠나 아무것도 기댈 데 없는 곳으로 갔다. 그리스도는 어떠하셨는가? 그분은 그보다 더한 선택을 내리셨다. 그리스도는 하나님 나라의 영화로운 아버지 곁을 떠나 이 땅으로 내려오셨다. 박해 받는 약소국가의 이름없는 마을에서 태어나 30년 동안 주목 받지 못하는 존재로 사셨다(빌 2:6-8). 더욱이 그 모든 일은, 아브람이 그랬듯, 하나님의 약속의 성취를 위해 반드시 필요한 일이었다. 그분은 시편 2편의 메시아 약속이 가리키는 당사자이시기 때문이다. "내게 구하라 내가 이방 나라를 네 유업으로 주리니 네 소유가 땅 끝까지 이르리로다 네가 철장으로 그들을 깨뜨림이여 질그릇 같이 부수리라 하시도다"(시 2:8-9).

아브람은 위대한 이름을 얻고, 복의 통로로서 그를 축복하는 이들에게는 복이, 저주하는 이들에게는 저주가 임할 것이다. 그러나 그리스도는 '모든 이름 위에 뛰어난 이름'을 얻으시고, 그 이름 앞에 모든 무릎이 꿇게 될 것이다(빌 2:9-10). 그리스도에게 와서 그 안에서 하나가 되는 사람은 그분과 함께 모든 신령한 복을 받을 것이다(엡 1장). 그러나 그리스도를 거부하는 사람들에 대해 성경은 어떻게 말하는가? 마태복음 25장 41-43절을 살펴보자.

또 왼편에 있는 자들에게 이르시되 저주를 받은 자들아 나를 떠나 마귀와 그 사자들을 위하여 예비된 영원한 불에 들어가라 내가 주릴 때에 너희가 먹을 것을 주지 아니하였고 목마를 때에 마시게 하지 아니하였고 나그네 되었을 때에 영접하지 아니하였고 헐벗었을 때에 옷 입히지 아니하였고 병들었을 때와 옥에 갇혔을 때에 돌보지 아니하였느니라 하시니.

그리스도를 거부하는 자들, 즉 그분을 무시해도 괜찮은 존재라고 생각하는 사람들은 저주받은 무리 가운데 있을 것이다.

그리스도를 향한 위대한 길

아브라함과 마찬가지로 예수 그리스도 역시 약속의 길을 걸어가는 동안 현실의 괴리를 경험하셨다. 땅의 모든 족속을 유업으로 약속받은 이가 자기 백성에게로 왔지만, 사람들은 그분을 영접하지 않았다(요 1:11). 다니엘서 7장에서 심판대에 앉으신 분으로 묘사된 존귀한 인자이심에도 산헤드린 공회에서 재판을 받고 사형 선고를 받으셨다. 하지만 예수님은 자기 목숨을 잃을까 두려워 거짓말을 했던 아브람과는 달랐다.

예수님은 자신의 목숨을 잃게 될 것을 알면서도 진리를 말씀하셨다. 그래야 불의한 우리의 생명을 구할 수 있기 때문이었다. 그분은 철장으로 열방을 다스리게 되리라는 약속을 받았음에도, 스스로 로마 군인들에게 채찍질을 당하셨다. 세상에서 유일하게 죄 없는 분이 범죄자의 죽음을 당하였으며, 율법에서 하나님의 심판의 징표로 간주하던 십자가에 달리셨다. 세상의 빛이신 이가 어두운 하늘 아래 못박히신 것이다. 공의가 짓밟히는 이 같은 현실에 태양조차 부끄러워 얼굴을 가렸다. 예수님은 약속과 현실 사이의 거대한 간극을 누구보다 실감한 장본인이셨던 것이다. 아브람이 겪은 일들은 우리에게 바로 이 그리스도의 고난을 가리키고 있다.

그러면 그날 하나님의 약속은 좌절되었는가? 결코 그렇지 않다. 그것과 반대다. 최초의 부활절은 하나님의 약속들이 성취되는 핵심 열쇠로 작용했다. 하나님의 모든 약속들은 그리스도 안에서 '예'와 '아멘'이 되었다. 그날에 정의가 짓밟혔는가? 인간의 관점에서는 그렇다. 그러나 하나님의 관점에서 보면, 하나님의 공의가 실현되었다. 죄악은 가장 단호하게 유죄 판결을 받았고, 반면 죄인들은 속량되었다. 즉 하나님이 죄의 값을 대신 치르고 그들을 사신 것이다. 죄인인 우리가 거룩하게 되도록 죄 없는 분이 죄인이 되셨다. 나의 죄로 인해 그분이 찔리셨다. 나의 불의로 인해 그분이 못박히셨다. 그분이 형벌을 받으심으로 내가 평화를 누리게 되었다. 그분이 상처를 입으심으로 내가 나음을 입었다(사 53장).

부활 안에서 약속과 현실 사이의 거대한 간극을 이어주는 영원한 다리가 놓였다. 그리스도의 고난은 그것으로 끝나지 않고 영광의 첫 열매로 나타나셨다. 그리스도가 영광 가운데 부활하시고, 그분을 신뢰하는 모든 이들도 영광 가운데 부활할 것이다. 예수 그리스도가 영화롭게 되어 하나님 아버지의 오른편에 앉으셨으므로, 그분을 믿는 이들도 하나님 아버지 앞에서 새 생명을 누리게 될 것이다. 지금 이 순간에도 열방이, 동서남북의 남녀노소가 그리스도를 주로 고백함으로, 하나님 나라로 들어가고 있다.

부활의 빛 가운데 살자

지금 이곳에서 우리는 여전히 약속과 현실 사이의 거대한 간극에 갇혀 살아가고 있다. 당장은 부활의 주일에 시선을 단단히 고정시킨 듯하지만, 내일은 또다시 월요일이 시작된다. 아브람처럼, 우리도 하나님의 소중한 약속을 받았다. 좌절을 경험하게 하는 삶의 환경에 둘러싸여 믿음을 잃지 않으려고 분투한다. 돌아보면 애굽의 풍요로움이 "약속은 잊어버리고 돌아오라"고 손짓하고 있다. 우리는 그 싸움의 한가운데 서 있다.

    해결책은 하나님의 약속과 그 약속을 주신 하나님을 굳게 붙드는 것이다. 약속의 성취를 보장하시는 분, 부활하신 그리스도를 바라보라. 우리의 삶 또한 (고난 뒤에 영광이라는) 그분의 삶의 여정과 다르지 않을 것임을 기억하며, 그리스도를 따라가자. 예수님도 친히 말씀하시지 않는가? "세상에서는 너희가 환난을 당하나 담대하라 내가 세상을 이기었노라"(요 16:33). 환난, 기근, 시련, 광야, 유배. 이것들은 지금 이곳에서 살아가는 우리라는 존재를 묘사하는 성경의 표현이기도 하다. 삶은 결코 소풍이 아니다. 우리는 순례자이지 관광객이 아니다. 우리는 그저 목적지를 찾아가는 희망 가득한 여행자가 아니라, 하나님이 부르시는 어딘가를 향해 쉼 없이 나아가는 순례자다.

그리스도의 부활이야말로, 하나님의 약속들이 성취될 것에 대한 확실한 보증이며 우리가 그 약속들을 믿고 낙심하지 않을 수 있는 확실한 보증이기도 하다. 하나님의 약속과 암울한 현실의 거대한 틈 사이에 끼인 채로, 우리는 구주의 앞선 발자국을 따라가고 있다. 어느 날 그 거대한 틈은 사라질 것이다. 믿음은 눈앞에 열매로 드러날 것이며 우리는 영광 가운데 주님과 영원히 함께할 것이다. 그러므로 우리는 기뻐하며 말할 수 있다. "주가 부활하셨다! 진실로 부활하셨다!"

※ 묵상을 위한 질문 ※

1. 창세기 12장에서 하나님이 아브람에게 하신 약속은 무엇인가?

2. 기근은 하나님의 약속 실현에 어떤 위협이 되었는가?

3. 아브람의 죄는 하나님의 약속 실현에 어떤 위협이 되었는가?

4. 창세기 12장에 나타나는 아브람은 어떤 면에서 그리스도를 생각나게 하는가? 그럼에도 아브라함과 그리스도 사이에 나타나는 차별점은 무엇인가?

5. 하나님을 위해 애쓴다고 했지만 모든 것이 틀어진 적이 있는가? 그런 경험을 통해 얻은 교훈은 무엇인가?

6. 아브람의 불순종은 자신을 향한 하나님의 뜻을 좌절시켰는가? 아니면 그의 죄악조차 하나님의 계획 실현에 기여했는가? 우리의 불순종도 동일하게 적용될 수 있다고 보는가?

7. 아브람(을 포함하여 훗날의 이스라엘 백성)이 하나님의 선하심과 약속 실현 능력에 대해 의구심이 생길 때마다 애굽은 끊임없이 시

험의 빌미가 되었다. 일이 잘 안 풀리고 하나님의 사랑과 능력에 의구심이 생길 때 당신이 자꾸만 돌아가고 싶은 '애굽'은 어디인가?

3
약속을 붙든 믿음의 선택

어릴 적 텔레비전에서 참가자가 '돈을 갖든지 상자를 열어보든지' 둘 중 하나를 선택하는 게임 쇼를 본 적이 있다. 참가자는 이미 확보해 놓은 돈을 받고 게임을 그만둘 수도 있고, 상자 안에 숨겨져 있는 비밀 상품에 번 돈을 모두 걸 수도 있다. 그 비밀 상품이란 새 자동차나 세계 여행권, 또는 고급 가구 세트 같이 이미 확보한 돈보다 훨씬 값진 것일 수 있고, 반대로 안전핀이라든가 헝겊 인형처럼 값싼 것일 수도 있다.

정말 어려운 선택 아닌가? 많은 사람에게 하나님을 믿는 것도 이런 게임과 같다. 가능성이 거의 없어 보이지만 하나님이 붙들어주실 것을 믿으며 어둠 속에서 절벽 아래로 몸을 던지도록 요구받는 식이라는 것이다. 한 회의론자는 믿음을 '전례가 없는 일에 대해 아무것도 모르는 사람이 한 말을 아무런 증거가 없음에도 불구하고 믿는 것'이라고 정의했다.[1] 또 마크 트웨인은 독특한 어법으로 '믿음이란 자신이 그렇지 않다고 알고 있는 것을 믿는 것'이라고 말했다.

아브람의 믿음은 그런 종류의 것이 아니었다. 그의 믿음은 맹목적이지 않았다. 만일 그랬다면 그는 하나님이 약속하신 것들과 자신과의 사이를 가로막은 수많은 난관들로 인해 좌절하고 말았을 것이다. 현실의 깊은 괴리에도 불구하고 믿음을 포기하지 않았던 아브람은 자신의 장래가 공정해 보이는 게임 쇼 진행자에게 달렸다고 생각하지 않았다. 그는 인자하신 하늘 아버지께서 장래를 책임지고 계시다는 사실을 믿었다. 하나님이 아브람에게 보여주신 계시의 내용은 간단했다. 복잡하지도 않았다. 하나님이 오래 전 아브람의 선조들에게 주신 약속에 더해, 아브람을 복의 근원으로 삼으시겠다는 약속이었다. 믿음으로 산다는 건 그 이상도 이하도 아니다. 하나님이 자기 자신을 우리에게 계시하실 때 우리가 그 말씀을 받아들임으로 그분께 신뢰로 응답하는 것이다. 그것이 믿음이다.

---

1. Ambrose Bierce, *The Devil's Dictionary*(New York : Sagamore Press, 1975).

실패를 극복하는 믿음

앞에서 우리는 아브람이 하나님의 약속에 이끌려 안락한 노후 생활을 뒤로하고 미지의 땅으로 가게 된 사연과, 기근이라는 시험에 직면해 그의 믿음이 흔들렸던 이야기를 살펴보았다. 창세기 13장에서 우리는 실패를 극복하는 믿음의 모습을 보게 된다. 여기에는 우리가 배울 중요한 교훈이 있다. 성공하는 법에 관해 말해 주는 책은 많지만, 실패했을 때 어떻게 해야 하는지 말해 주는 책은 별로 없기 때문이다. 무엇보다, 인생의 밑바닥에 떨어졌을 때, 모든 게 잘못되고 하나님과 주위 사람들의 기대를 완전히 저버렸을 때, 우리가 내리는 선택은 우리가 어떤 사람이며 우리의 믿음이 어떠한지를 말해 준다. 어둠 속에서 절벽 아래로 무모하게 뛰어내리는 믿음은 실패를 해결해 주지 못한다. 인자하신 하늘 아버지를 향한 살아 있는 믿음만이 실패를 극복하는 힘이 될 수 있다.

출발점으로 돌아가다

아브람은 자신의 실패를 어떻게 딛고 일어섰는가? 그는 출발점으로 돌아갔다. 창세기 13장의 처음 몇 구절에서는 왔던 길을 그대로 되돌아가는 아브람의 모습을 볼 수 있다. 그는 먼저 네게브로 올라갔다(창 13:1). 그가 애굽으로 내려가기로 결정했던 곳이다(창 12:9). 그 다음엔 네게브에서 길을 떠나 벧엘에 이르렀다(창 13:3). 벧엘과 아이 사이에서 아브람은 장막을 치고 처음으로 제단을 쌓았었다(창 12:8). 거기서 그는 (예전에도 그랬듯) 여호와의 이름을 부른다(창 13:4, 12:8).

우리의 믿음은 어떤 종류의 것인가? 실패가 우리를 하나님으로부터 멀어지게 하는가, 아니면 우리가 처음 시작했던 곳, 제단을 쌓고 희생제물을 드리며 여호와의 이름을 불렀던 출발점으로 되돌아가게 하는가? 바벨탑을 쌓았던 이들은 하나님께 희생을 바치고 여호와의 이름을 부를 만한 사람들이 아니었다. 그들의 좌우명은 "우리는 인간을 믿는다"였다. 그래서 그들은 건설 계획이 실패로 돌아갔을 때 자신들의 좌우명대로 행동했다. 그들에게는 실패를 극복할 방법이 없었다. 그들의 마음속에는 회개의 여지가 없었다. 그들의 잘못이 드러났을 때 그들에게 종교심이란 아무 쓸모가 없는 것이었다. 그래서 하나님이 그들을 심판하시자 그들은 곧장 흩어져버렸다.

그러나 아브람은 (참된 믿음을 가진 사람이라면 모두 그렇듯이) 실패를 경험하고 나서 돌이킴으로 하나님께 예배했다. 시편 기자가 고백한 대로다. "여호와께서 사람의 걸음을 정하시고 그의 길을 기뻐하시나니 그는 넘어지나 아주 엎드러지지 아니함은 여호와께서 그의 손으로 붙드심이로다"(시 37:23-24).

선한 사람, 믿음의 사람도 다른 사람들처럼 실패를 경험한다. 그러나 그들의 다른 점은 넘어지더라도 아주 엎드러지지 않는다는 것이다. 그들은 회개함으로 하나님께 돌아와 그분의 이름을 부르고 용서를 구하기 때문이다.

풍요의 시험

아브람은 곧 새로운 시험에 직면한다. 이번에는 풍요의 시험이다. 아브람과 롯은 하나님의 복을 받았고, 그들이 기르는 가축의 수가 엄청나게 늘었다. 그러자 위기가 찾아왔다. 그들이 함께 지내기에는 가축 등 소유물이 너무 많아진 것이다. 목자들 사이에 서로 다툼이 일어났다. 우리는 대개 풍요가 시험거리가 된다고 생각하지 않는다.

사실 돈이 조금만 더 있다면 지금 우리가 안고 있는 문제들 중 상당 부분이 해결될 것이라고 생각한다. 그래서 이런 시험이라면 기꺼이 받겠다고 생각할지도 모른다. 어리석은 판단이다. 풍요로움이 일으키는 위기와 위험을 우리는 잘 인식하지 못한다. 사도 바울은 그 위험성을 누구보다 잘 알고 있었다.

나는 비천에 처할 줄도 알고 풍부에 처할 줄도 알아 모든 일 곧 배부름과 배고픔과 풍부와 궁핍에도 처할 줄 아는 일체의 비결을 배웠노라 내게 능력 주시는 자 안에서 내가 모든 것을 할 수 있느니라(빌 4:12-13).

바울은 비천하든지 부유하든지 어떤 상황에서도 만족하는 법을 배웠다. 가난할 때 만족한다는 것은 매우 어려운 일이다. 잠시만이라도 부자가 될 기회가 주어진다면 우리는 마냥 반길 것이다. 하지만 그런 기회가 생겼다 하더라도, 부가 해결할 수 있는 문제는 극히 일부분에 지나지 않으며, 오히려 영적 성장에 심각한 장애가 된다는 것을 어렵지 않게 배우게 될 것이다. 당장 250만 달러가 생긴다면 하나님과의 관계에 변화가 일어나지 않겠는가? 여전히 하나님께 일용할 양식을 의지하겠는가? 여전히 하나님의 부르심에 충성하겠는가? 그 돈으로 선한 일을 할 수는 있다. 그러나 우리의 안위를 위해 대부분의 (아니 모든) 돈을 쓰고 싶은 유혹이 훨씬 클 것이다. 예수님이 언급하신 비유 속 어리석은 부자처럼 말하지 않으리라고 장담할 수 있겠는가? "영혼아 여러 해 쓸 물건을 많이 쌓아두었으니 평안히 쉬고 먹고 마시고 즐거워하자"(눅 12:19).

솔직히 말해, 내게 그런 '축복'이 주어진다면 지혜롭게 처신할 수 있을지 자신이 없다. 차라리 잠언 30장 8-9절을 나의 기도로 삼는 편이 낫겠다.

> 나로 가난하게도 마옵시고 부하게도 마옵시고 오직 필요한 양식으로 나를 먹이시옵소서 혹 내가 배불러서 하나님을 모른다 여호와가 누구냐 할까 하오며 혹 내가 가난하여 도둑질하고 내 하나님의 이름을 욕되게 할까 두려워함이니이다.

아브람에게 풍요는 성품에 대한 시험을 동반했다. 롯과의 사이에서 벌어진 갈등을 어떻게 처리할 것인가? 어떤 면에서 보면, 해결책은 간단했다. 그는 롯보다 연장자이고, 롯은 그의 조카였다. 따라서 롯을 독립시켜 제 길을 가게 할 수도 있었다. 그렇게 한다고 비난할 사람은 아무도 없었다. 하지만 아브람은 자기 몫으로 가장 좋은 땅을 차지하는 데는 관심이 없었다. 하나님을 향한 아브람의 믿음은 그로 하여금 납득이 가지 않을 만큼 관대한 행동을 하도록 만들었다. 그는 롯에게 먼저 선택권을 내주었다. 그의 눈은 하늘의 유업에 대한 약속에 고정되어 있었고, 그 덕분에 이 땅의 것에 대한 욕망을 내려놓을 수 있었다. 믿음의 건전성을 재는 척도는 얼마나 자기를 희생하느냐에 달렸다.

이 시점에서 고백할 것이 있다. 나와 비교하면 아내는 사람들에게 훨씬 관대하다. 나는 본래 약삭빠르고 돈 계산에 민감

한 사람이라, 값싼 물건 하나를 살 때도 요모조로 따지고 들어야 겨우 지갑을 연다. 그래서인지 주님의 사역에 아낌없이 바친다는 건 내 삶에 한번도 일어난 적이 없다. 지금도 여전하다.

반면 아내는 선교사 집안 출신이라 그런지 돈이 다음에 언제 들어오는지 예상이 안 되는 상황에서도 크게 고민하지 않는다. 전혀 예상치 못한 데서 돈이 들어오는 것에도 익숙하다. 그래서 아내는 언제나 하나님을 의지하는 습관이 있다. 나는 아직 배워가는 중이다. 나의 믿음이 좀더 자라면, 그와 더불어 하나님이 내게 베푸신 것을 아낌없이 내어줄 수 있는 관대함이라는 능력이 생겼으면 좋겠다. 나도 잠언의 말씀이 진리임을 체험하고 싶다. "가난한 자를 불쌍히 여기는 것은 여호와께 꾸어 드리는 것이니 그의 선행을 그에게 갚아 주시리라"(잠 19:17).

롯의 선택

먼저 롯이 선택한다. 그는 어떻게 선택했는가? 눈으로 했다. "이에 롯이 '눈을 들어' 요단 지역을 바라본즉"(창 13:10). 롯이 택한 요단 지역은 소알까지 온 땅에 물이 넉넉하여 마치 "여호와의 동산 같고 애굽 땅과 같았더라"(창 13:10). 피상적으로는 긍정적인 묘사인 듯하지만 왠지 불길한 느낌을 준다. 그 땅을 여호와의 동산에 비유한 데는 이중의 의미가 있다. 즉 풍요의 이미지를 전해 줌과 동시에 유혹과 타락으로 인한 죄악의 이미지를 상기시킨다. 또 하나님과 관계 없이 자기 이름을 내고 하늘에 닿으려 했던 바벨탑 건설자들을 떠오르게 한다(창 11:4). 그들처럼 롯도 동산의 하나님과 상관없이 그저 동산의 풍요로움만을 누리려 했을지 모른다.

물질주의가 취하는 방식이 늘 이런 식이다. 낙원에 이르기는 갈망하지만 낙원의 하나님께는 아무 관심이 없다. 이러한 태도는 오늘날에도 만연하다. 대부분의 사람들이 죽어서 천국에 가기를 소망한다. 다른 대안이라곤 지옥 아니면 무(無)밖에 없음을 잘 알고 있어서, 사람들이 그런 희망을 갖는 것은 놀라운 일이 아니다. 그러나 그들이 천국에 가면 무엇을 하려고 하는지 물을 필요가 있다. 대부분은 이 땅에서의 즐거움을 더 많이 누리기 원한다는 것이다. 벙커나 워터 해저드가 없는 골프 코스를 즐긴다거나, 융자금 갚을 일이 없는 저택에서 사는 것처럼 말이다. 만일 이 세상을 떠나지 않고 이 모든 것을 누릴 수 있다면, 아마도 사람들은 그 편을 택할 것이다.

그리스도인이 천국을 갈망하는 이유는 다른 데 있다. 온 마음을 다해 사랑하는 하나님 앞에 더 가까이 다가갈 수 있기 때문이며, 보좌에 앉으신 어린양께 영원토록 찬양과 경배를 드릴 수 있기 때문이다. 청교도인 리처드 백스터는 오래전 다음과 같은 통찰을 남겼다.

> 성화된 사람이 천국을 바라는 것과 성화되지 못한 사람이 천국을 바라는 것 사이에는 커다란 차이가 있다. 신자는 이 땅보다 천국을 가치 있게 여기며, 이곳에 머물기보다 하나님과 함께 있기를 바란다…그러나 불경건한 자들에게 이 세상보다 더 좋아보이는 곳은 아무 데도 없다. 그러므로 그들은 지옥보다는 천국을 선택하지만, 이 세상보다 천국을 택하지는 않는다.[2]

"애굽 땅과 같[다]"고 한 묘사는 위험을 내포한 풍요로움의 이미지가 더욱 강하다. 애굽은 하나님이 이제 막 아브람과 롯을 구원해 내신 곳이다. 믿음의 타협이 있던 곳이다. 어쩌면 롯은 그곳에 그냥 머물고 싶었을지 모른다. 모세 시대에도 그랬다. 400년 간 종살이하던 애굽에서 막 빠져나온 백성조차 현실적으로 끈질긴 유혹을 느꼈다는 사실에 비추어보면, 이 같은 묘사는 의미심장하다.

창세기 13장 10절은 다음과 같이 덧붙이고 있다. "여호와께서 소돔과 고모라를 멸하시기 전이었으므로." 이 말은 롯의 선택에 잠재되어 있는 위험성을 선명하게 부각시킨다. 롯은 결함

---

2. I. D. E. Thomas, ed., *A Puritan Golden Treasury* (Carlisle, Pa. : Banner of Truth, 1977), 136에서 인용.

많고 위험한 자신의 감각에 전적으로 의존한 채, "눈을 들어" 그 땅을 선택했다. 자신이 선택한 땅 바로 옆에 하나님이 약속하신 땅이 있다는 사실은 중요하지 않았다. 자신의 운명을 결정짓는 중대한 선택의 기로에서 그의 '믿음'은 아무런 영향을 미치지 못한 것 같다.

일단 타협의 길로 들어서면, 그 길을 따라가는 건 더 쉽고 편안하다. 롯은 소돔 근처에서 살기 시작했다(창 13:12). 곧 그는 소돔 안에 거하게 되었다(창 14:12). 그리고 나서 어느 날부터는 소돔 성문에 앉아 있었다(창 19:1). 이것은 그가 소돔 거주민들 사이에서 존경받는 위치에 있었음을 암시한다. 또 그의 딸들은 소돔 거주민과 결혼하기로 되어 있었다(창 19:14). 그는 마치 냄비 속의 개구리와 같다. 끓는 물 속에 개구리를 넣어보라. 당장 튀어나올 것이다. 그러나 찬 물이 담긴 냄비에 개구리를 넣고 서서히 온도를 높여보라. 개구리는 죽을 때까지 그자리에 머무른다.

이 세상의 길은 종종 하나님의 길보다 더 장밋빛으로 보인다. 사탄이 제안하는 지름길은 언제나 수고와 고생을 줄여줄 것처럼 보인다. 우리 눈에 확 끌리는 것에 우리의 선택을 내맡긴다면 사탄이 우리를 해치우는 건 식은 죽 먹기일 것이다. 적당히 먹음직한 미끼 속에 낚시 바늘을 끼워놓기만 하면 우리가 냉큼 삼켜버릴 테니 말이다. 사탄의 제안을 우리는 어떻게 거부할 수 있는가? 우리는 미끼를 '아주 조금' 입질만 해보려다 종종 사탄의 낚시 바늘에 걸리고 만다. 또는 걸려들지 않고 얼마나 그 낚시 바늘에 가까이 다가갈 수 있는지 알고 싶어한다. 우리는 죄는 짓지 않으면서 다만 그 주변에서 춤만 출 수 있기를 바란다. 그런데 문제는 롯이 깨달은 것처럼 어떤 한 가지 문제가 또다른 문제를 초래하는 것은 아주 쉽다는 사실이다. 죄악은 마치 소용돌이처럼 아주 강력하게 빨아들이는 힘을 가졌다. 사태를 인식했을 때 우리는 이미 물 속에 곤두박질한 상태다. 그리고 거기서 빠져나오는 일은 들어가는 것보다 훨씬 더 어렵다.

사탄이 달변가라는 사실은 문제를 더욱 악화시킨다. 사탄은 별 위험 없이 소돔과 고모라의 거주민 가까이에 살 수 있다고 가볍게 롯을 설득했다. 마찬가지로 사탄이 우리가 죄를 짓더라도 그로 인한 고통을 겪지 않을 것이라고 설득하기란 손쉬운 작업이다. 그는 속삭인다. "용기를 내봐. 괜찮을 거야. 아무도 모를 테니까." 롯처럼 많은 것을 잃고 나서야 사탄이 처음부터 거짓말쟁이였음을 깨닫는 사람들이 얼마나 많은가? 언제나 변함없는 사탄의 목표는 신자들로 하여금 하나님의 약속에 등을 돌리고 눈에 보이는 장밋빛 전망을 따라가게 만드는 것이다.

우리는 사탄의 간계에 어떻게 맞설 수 있는가? 어떻게 하면 미끼 속에 숨어 있는 낚시 바늘에 걸려들지 않을 수 있는가?

우리의 눈을 하늘의 유업에, 그리고 하나님께 고정시키는 것이다. 영화 〈불의 전차〉에서 주인공 에릭 리델이 자신이 계속 육상을 해야 하는 이유를 누이에게 피력하는 장면이 나온다. 그는 이렇게 말한다. "나는 달릴 때 하나님이 기뻐하시는 것이 느껴져!" 하지만 그토록 달리기 원했던 리델은, '하나님의 기뻐하심'이라는 그 동일한 갈망으로 인해, 주일로 정해진 육상 예선 경기를 기꺼이 포기한다. 영국 팀 관계자로부터 거센 압력이 들어오고, 심지어 정부 고위 관료까지 나서서 설득하지만, 리델은 타협하기를 거부한다. 훨씬 더 권위 있는 분의 허락이 가장 중요했기 때문이다.

주변 사람들의 우려의 시선에도 불구하고 하나님을 기쁘시게 하려는, 그리고 하나님이 기뻐하시는 것을 경험하고자 하는 갈망에 이끌려 살아가는 법을 우리는 배워야 한다. 또 요셉이 보디발의 아내의 유혹을 거절했던 것처럼, 사탄의 제안이 아무리 매력적이어도 그 속에 숨은 낚시 바늘을 볼 수 있어야 한다. 그렇지 않으면 하나님께 죄를 짓게 된다. 사탄이 아무리 간교하다 하더라도 "내가 어찌 이 큰 악을 행하여 하나님께 죄를 지으리이까"(창 39:9) 하고 외치는 성도라면 사탄은 결코 설득하지 못할 것이다.

아브람의 선택

물질만능주의에 발을 들여놓은 롯과 다르게, 믿음을 지킨 아브람은 새로운 약속으로 보상받았다. 눈에 보이는 좋은 것을 선택하기를 거부한 아브람에게 하나님이 말씀하신다. "너는 눈을 들어 너 있는 곳에서 북쪽과 남쪽 그리고 동쪽과 서쪽을 바라보라. 보이는 땅을 내가 너와 네 자손에게 주리니 영원히 이르리라"(창 13:14-15). 아브람의 시야에 닿는 모든 땅이 그의 소유가 될 것이라는 약속과 더불어 하나님은 그의 자손이 땅의 티끌같이 많아질 것이라고도 말씀하신다(창 13:16). 하나님이 창세기 12장 7절에서 아브람에게 주셨던 약속이 여기서 보다 확장되며 구체화되고 있다. 하나님은 그에게 온 땅을 종과 횡으로 두루 다니면서 그가 받게 될 선물이 얼마나 좋은지 살펴보라고 하신다.

그러나 아브람은 눈을 감는 순간까지 그 땅을 온전히 소유하지는 못한다. 말하자면 아브람은 궁극적으로는 이 세상을 초월한 하나님의 유업을 바라보아야만 했던 것이다. 이에 대해 바울은 이렇게 말한다. "만일 그리스도 안에서 우리가 바라는 것이 다만 이 세상의 삶뿐이면 모든 사람 가운데 우리가 더욱 불쌍한 자이리라"(고전 15:19). 아브람은 비옥하며 하얀색 나무 울타리로 경계가 표시된 전망 좋은 부동산보다 더 확실한 것에 소망을 두어야 했다. 그것은 영원한 것에 대한 소망이다. 그는 하나님이 친히 계획하시고 지으실 터가 있는 도성을 바라보았다(히 11:10).

그렇지만 어떻게 그럴 수 있는가? 실패자라고 말해도 좋을 아브람은 어떻게 하나님에게서 이전보다 크고 확실한 약속의 소망을 받아 누릴 수 있었는가? 실패자로 마감했을지 모를 그 인생은 어쩌다 하나님이 끌어안고 격려하시는 인생으로 인정받게 되었는가? 그것은 믿음이다. 오직 믿음으로 말미암아 아브람은 자신을 하나님의 약속에 내맡기고 그 안에 안전하게 머물기로 선택했다. 그의 믿음을 보시고 하나님은 아브람을 복의 근원으로 삼으시고 영원한 하늘나라의 유업을 약속하셨다.

이 질문에 대한 궁극적인 해답은, 예수님과 사탄의 대결에서 찾을 수 있다. 마태복음에서 사탄은 예수님을 지극히 높은 산으로 데리고 가서 천하 만국과 그 영광을 보여주며 자신에게 엎드려 경배하면 그 모든 것을 주겠다고 한다(마 4:8-9). 사탄이 예수님에게 십자가 없는 약속의 땅을 제안하고 있다. 지상 왕국의 모든 것이 협상 테이블에 올라왔는데, 예수님은 거절하며 유유히 떠나가신다. 왜인가? 그것들은 본래 그분의 소유이기 때문이다. 그렇다면 어째서 그분은 그때 그 자리에서 그 같은 사실을 주장하지 않으셨는가? 왜냐하면 예수님은 사탄이 하나님의 계획과는 아무 상관없이 지상의 왕국을 자신에게 제의하고 있음을 아셨기 때문이다. 하나님의 백성을 구원하지 않고서는 예수님은 어떤 것도 주장하려 하지 않으셨다. 하늘 아버지와 우리를 너무나 사랑하신 예수님은, 우리 없이 온 세상을 소유하는 것보다 우리를 구원하기 위해 고난의 길을 택하려 하신 것이다.

롯은 '돈을 가지는' 쪽을 선택했다. 그는 자신의 눈에 의지해 좋아 보이는 풍요의 길을 택했다. 그것은 후회하게 될 결정이었다. 약속의 땅에 등을 돌렸다는 것은 축복의 길에 등을 돌리는 것이기도 했다. 반면 아브람은 하나님을 신뢰하며 '상자를 열었다'. 이 땅에서의 번영과 안전에 대해 아무 보장도 없었다. 다만 하나님이 영원히 그의 하나님으로 계시겠다는 약속이 있었을 뿐이다. 궁극적으로는 그리스도가 십자가로 나아가게 될 유일한 길이기도 했다. 아브람에게는 이 약속만으로 충분했다. 그리고 이것은 당신과 나에게도 마찬가지다.

※ 묵상을 위한 질문 ※

1. 애굽에서 나온 아브람은 어디로 향했는가? 그의 행동으로 미루어볼 때, 아브람은 하나님께 어떤 태도를 가지고 있었는가?

2. 아브람의 제안과 롯의 선택을 통해 알 수 있는 '풍요'에 대한 두 사람의 태도는 어떠했는가?

3. 아브람은 영적 실패를 어떻게 극복할지에 대한 훌륭한 선례를 남겼다. 아브람이 영적 실패를 극복한 방법은 무엇인가? 그가 보여준 실패 대처 방법은 에덴 동산에서 아담과 하와가 불순종한 뒤 보였던 것과는 어떻게 다른가?

4. 롯은 어떤 방법으로 결정을 내렸는가? 오늘날 그와 같은 방법으로 당신을 유혹하는 것이 있는가? 그와 같은 죄의 영향력을 줄이기 위해 당신은 어떤 조치를 취할 수 있는가?

5. 하나님은 조금씩 자신의 원대한 계획을 아브람에게 드러내신다. 아브람의 경험과 당신의 경험을 비교해 보라. 비슷한 점은 무엇이고, 다른 점은 무엇인가?

6. 아브람은 하나님의 뜻을 어떻게 알 수 있었는가? 오늘날 우리는 아브람에게 없던 두 가지를 가지고 있다. 그것은 무엇이며, 우리가 하나님의 뜻을 알아가는 데 어떤 도움을 주는가?

4
선한 왕 아브람

휘트니 휴스턴이 부른 1992년 바르셀로나 올림픽 주제가의 노랫말이다.

> 내게 그런 한 순간을 주세요
> 내가 할 수 있다고 생각한 것 그 이상이 되는 순간을요
> 내 모든 꿈들이 바로 내 앞에 펼쳐지고
> 그에 대한 답들이 내게 달려 있는 그런 순간을요.[3]

---

3. Albert Hammond and John Bettis, "One Moment in Time"(Bettis Music & Albert Hammond / Warner Chappell Music, 1988).

올림픽 정신을 잘 표현한 이 주제가는, 모든 선수가 추구하고 (만일 운이 따라준다면) 얻어내고 싶은 것을 노래하고 있다. 시간이 흐르면 곧 사람들의 기억에서 사라지더라도, 자신의 꿈이 실현되고 뭇사람의 주목을 받는 영광의 순간을 맞이하는 것이다. 이 짧은 영광의 한 순간만큼은, 사람들이 최고로 발휘된 선수의 능력에 찬사를 보낼 것이다.

아브람에게도 그런 한 순간이 있었다. 창세기 14장이 그것을 기록하고 있다. 그는 번창했지만 아직은 주변 사람들처럼 목초지를 찾아다니는 유목민 처지였다. 가나안 땅을 유업으로 받을 자로서, 그가 하나님이 택하신 사람임을 입증할 만한 눈에 보이는 증거는 없었다. 그는 평범한 사람일 뿐이었다. 그러나 이번 장에서는 잠깐 동안이지만 그 베일이 벗겨진다. 우리는 본래 그의 것이자, 그의 후손들이 물려받게 될 땅의 왕으로서 아브람의 실체를 목격할 수 있다. 다시 말해, 이번 장은 아브람에게 있어, 비록 짧은 순간이지만 주변 사람에게 그의 영광이 분명하게 드러난 일종의 변화산이라 할 수 있다.

전형적인 고대의 전쟁

창세기 14장은 전형적인 고대의 전쟁에 대한 언급으로 시작된다. 1-11절은 고대 근동의 어느 위대한 군왕의 연대기에 나올 법한 내용이다. 정복을 통한 지배, 피지배 민족의 반란, 위대한 군왕의 진압, 그리고 다시 시작된 예속. 전형적인 정복 전쟁의 장면이다. 권력이 곧 정의로 간주되던 시대에 군주의 권위는 종종 도전을 받았다. 군주가 자신의 권력을 유지하게 되면 그 승리는 화려한 언어로 그의 연대기에 기록되어, 훗날 반란을 도모하는 자들에게 경고가 되었다. 창세기 14장의 첫 단락도 그와 같은 충돌을 기록하고 있다. 한 위대한 군왕과 그의 동맹들이 한 축이 되어 이들에게 반란을 일으킨 피지배민들에 대한 진압 전쟁을 수행한다는 기록이다.

이 전쟁에서 롯은 우연히 포로로 잡힌다. 하지만 완전한 우연이었다고는 할 수 없다. 그가 소돔에 살게 된 것이 전적으로 우발적인 행위가 아니었기 때문이다. 그는 자신을 아무 관계 없는 방관자 정도로 여겼을지 모르지만, 사실 그는 물질적인 이익을 추구해 그곳에 정착했다. 그는 "여호와의 동산 같[던]"(창 13:19) 그 땅을 선택했지만, 풀숲에 뱀이 숨어 있음을 나중에야 알게 되었다. 약속의 땅과 아브람에게 등을 돌린 뒤부터, 롯은 자신도 모르게 몰락의 길을 걸었다. 아브람의 개입이 없었더라면 그는 완전히 망해 버렸을 것이다(창 14-19장).

여기서 한 가지 신학적 질문이 제기된다. 악인들 가운데 살아가는 의인은 악인이 멸망할 때 함께 쓸려가는가? 하나님은 의인들을 악인과 함께 멸망시키시는가? 아브람은 창세기 18장 23절에 이르러서야 비로소 공식적으로 하나님께 이 같은 질문을 던진다. 하지만 여기 롯의 이야기에도 그런 질문이 바탕에 깔려 있다. 우리는 롯이 겪은 일들을 통해 다음과 같은 교훈을 얻는다. 이는 베드로도 동의한 진리로서, "하나님은 경건한 사람을 시험에서 건져내시고 악한 사람은 심판 날까지 계속 벌을 받게 하는 방법을 알고 계신다"(벧후 2:9, 현대인)는 것이다.

이러한 진리는 어떤 결단을 내리고 선택하기가 쉽지만은 않은 현실 세계, 즉 종종 언어와 삶의 방식과 행동으로 우리를 위축시키는 사람들과 함께 어울리지 않을 수 없는 현실에 처해 있는 우리 모두에게 위안이 된다. 하지만 롯의 이야기는 우리와 완전히 다른 영혼을 가진 사람들과 어울리면서도 전혀 불편을 느끼지 못하는 사람들에게는 도전이 된다. 우리 중 많은 사람들이 롯처럼 이 세계에 편안히 안주해 쉽게 스스로 주변 환경에 동화된다. 우리는 돼지 우리에 살면서 돼지 냄새가 나지 않기를 기대할 수 없다는 사실을 기억해야 한다. 하나님이 악인에게 내려질 심판으로부터 경건한 사람들을 구하시는 것은 어려운 일이 아니다. 하지만 악인들과 가까이 지내면서도 경건함을 유지하기란 결코 쉽지 않다. 하나님은 소돔에 내린 심판으로부터 롯을 구하긴 하셨다. 하지만 롯은 상처투성이가 되었다.

위협받은 약속

롯이 사로잡힌 사건은 또다른 의미가 있다. 그것은 단지 믿음을 붙드는 대신 타협하며 살아가던 의인에게 일어난 사건 기록에 머물지 않는다. 오히려 그것은 하나님이 아브람에게 주신 후손과 땅에 대한 약속이 위협을 받은 사건으로서 의미가 크다. 그 시점에서 롯은 아브람의 유일한 혈육이었다. 어느 순간 이방의 막강한 군대가 쳐들어와 그 땅을 유린하고 모두가 사로잡힌다면 약속의 땅인들 무슨 소용이 있겠는가? 진정으로 하나님은 무엇보다 아브람과 그 가족을, 그리고 약속의 땅을 이방의 계속되는 침략으로부터 보호하실 수 있는가?

하나님은 그렇게 하실 수 있고, 또 그렇게 하기 원하셨다. 그리고 그 모든 일을 성취하기 위한 도구로 택하신 사람이 아브람이다. 아브람은 롯을 그의 운명 가운데 내버려둘 수 있었다. 롯은 욕심을 따라 자기 눈에 좋아보이는 땅을 선택했고, 어리석게도 자신의 운명을 악한 이들과 함께하려 했으며, 그러면서 가장 훌륭하고 진실한 친구를 멀리했다. 다시 말해, 롯은 소돔과 운명을 함께하려 한 자신의 죄악된 선택에 대한 자연스러운 결과를 맞았을 뿐이다. 게다가 아브람은 롯을 구하기 위해 상당한 위험을 무릅써야 했다. 롯을 사로잡은 무리는 소규모의 기습 부대일 가능성이 높지만, 그들의 배후에는 동맹을 맺은 대규모 주력 부대가 있었을 것이다. 이러한 이유로 창세기 14장은 위대한 군왕의 연대기를 기록하는 방식으로 시작된다. 동맹 군대의 수장은 시날(창 14:1), 즉 바벨론의 왕(창 10:10, 11:2, 9 참조) 아므라벨이었다. 롯을 구출하는 과정에서 아브람은 불가피하게 이 강력한 왕뿐 아니라 대규모 군대와 맞서야 했고, 반면 그의 군대는 소규모 병력에 불과했다. 하지만 믿음의 사람 아브람은 훗날 성경에 기록된 이 진리의 말씀을 알고 있었다. "여호와의 구원은 사람이 많고 적음에 달리지 아니하였느니라"(삼상 14:6).

누군가 곤경에 처했고 그 상황에 개입할지 말지를 결정해야 할 때, 우리는 어떤 기준을 사용하는가? 먼저, 그 사람이 우리의 도움을 받을 만한 가치가 있는지를 따진다. 그리고, 그를 도와줌으로 우리에게 어떤 위험이나 손해가 발생하지 않는지를 살펴본다. 두 가지 사안에 대한 결론이 긍정적이라면 우리는 그 사람을 위해 할 수 있는 일을 기꺼이 하려 한다. 그러나 두 가지 모두에, 또는 그 중 하나에 대한 결론이 부정적이라면 우리는 대개 주저한다. 예를 들어, 가난한 이들을 돕는 사역을 수행할 때 우리는 도울 만한 '가치가 있는' (즉 자신들의 잘못으로 가난하게 된 것이 아님이 분명한) 사람들을 찾는다. 그들을 도울 때도 '깔끔한' 방법을 찾는다. 자선 단체에 기부하거나, 제3세계나 대도시로 봉사 활동을 떠난다. 하지만 자기 지역의 노숙자에게 다가가는 것 같은 '성가신' 일은 피한다.

형제를 지키다

아브람은 그런 식으로 생각하지 않았다. 롯은 구조를 받을 만한 '가치가 있는' 존재는 아니었다. 롯은 스스로 궁지 속으로 들어갔다. 게다가 그를 돕는 것은 '성가심'을 넘어 대단히 위험한 일이었다. 아브람은 이 일에 자신의 목숨을 걸었다. 아브람에게 중요한 것은 롯이 그의 혈육, 곧 '그의 조카'(창 14:14)이며 자신의 도움이 절실하다는 사실이었다. 그래서 아브람은 칼을 차고 롯을 구하러 나섰다. (비록 하나님이 약속하셨음에도) 아브람은 그 땅의 소유권을 주장하기 위한 싸움이라면 굳이 나설 의도는 없었다. 그러나 하나님이 그 땅의 통치자로 세우신 자로서, 그는 압제받는 이들을 대신해 칼을 들고 나설 용의가 있었다. 비록 사람들이 진실을 제대로 알지 못한다 하더라도 말이다. 아브람은 약속의 땅 북쪽 변경인 단에서 막강한 네 왕들의 군대를 쳐부수었다. 큰 승리를 거두어 롯을 구출하고 빼앗겼던 소돔의 소유물까지 전리품으로 거둬들였다.

이 모든 장면 속에서 우리는 예수 그리스도를 볼 수 있어야 한다. 그분은 하늘나라에 한가로이 앉아 우리가 구원받을 만한 가치가 있을 때까지 기다리지 않으셨다. 그랬더라면 우리에게 구원이란 없었을 것이다. 우리의 구원은 아무 고통 없이 얻어진 게 아니다. 그리스도는 영광의 하나님 곁을 떠나 기꺼이 우리에게 내려오셨을 뿐 아니라, 우리 가운데서 종의 모습으로 사셨다. 때로는 백성들의 왕으로서 채찍을 들어 성전에서 장사꾼들을 몰아내셨다(마 21:12-13). 유대인의 왕으로서도 그분은 압제 받는 백성들의 공의 실현을 힘써 외치셨다. 하지만 정작 자기 문제에 있어서는 공의를 실현하는 대신, 제자들의 칼을 내려놓게 하고 열두 군단 더 되는 천사를 부르지도 않으셨다(마 26:52-54). 그럼에도 그분은 백성들에 의해 (얄궂게도 '유대인의 왕'이란 팻말 아래) 십자가에 못박히셨다. 구원 받을 가치가 없는 사람들을 위해 자기 목숨을 버리셨다. 그 십자가에서 (하나님의) 공의와 (하나님과의) 평화가 실현되었다. 십자가는 예수님이 우리를 사랑하신다는 강력한 증거일 뿐 아니라 택함 받은 (그러나 무가치한) 백성을 구원하는 가장 고통스런 방편이었다. 하나님이 우리에게 베푸신 사랑은 얼마나 위대한가! 바울의 고백처럼 '우리가 아직 죄인 되었을 때에 그리스도께서 우리를 위하여 죽으심으로 하나님께서 우리에 대한 자기의 사랑을 확증'하셨다(롬 5:8).

우리는 어떠한가? 가치가 없다는 이유로, 또는 자칫 성가신 일이 생길지 모른다는 두려움 때문에 (마땅히 내밀어야 할) 도움의 손길을 거둬들이고 있지는 않은가? 우리가 그리스도의 제자라면 선한 사마리아인처럼 먼저 돕고, 질문은 나중에 해야 한다. 물론 도움을 받는 사람이 여전히 죄악 가운데 머물게 하는 방식이라면 반드시 거절해야 한다. 하지만 도울지 말지를 결정하는 문제는, 우리의 조치가 그 사람에게 진정 유익한지 그렇지 않은지로 판단해야 한다. 자격을 따지거나, 이후에 벌어질 성가신 일 등이 기준이 되어서는 안 된다.

두 번째 싸움

롯과 함께 승리를 안고 돌아온 아브람은 또다른 싸움에 직면한다. 훨씬 더 까다로운 이 싸움은 살렘 왕 멜기세덱과 (이름이 알려지지 않은) 소돔 왕이 그에게 오면서 시작되었다. 이 두 왕은 서로 상반되는 연구 대상이다. 멜기세덱이란 이름은 '의의 왕'이란 뜻이며, 그가 다스리는 성읍의 이름은 '평화'를 뜻한다. 반면 소돔 왕은 가증스러움의 대명사가 된 지명으로 불리는 영토를 다스리고 있었다. 멜기세덱은 지극히 높으신 하나님의 제사장 신분으로 왔다. 생명의 상징인 떡과 포도주를 가지고 나왔을 뿐 아니라 아브람을 축복하고, 아브람에게 승리를 허락하신 하나님을 찬송한다.

   소돔 왕은 이와는 대조적이다. 그는 감사는커녕 어떠한 인사 치레도 하지 않는다. 자신이 아브람에 의해 구원받은 일을 감사하지도 않으며 승리를 허락하신 하나님을 인정하지도 않는다. 사무적이고 냉랭하다. "자, 이제 거래를 합시다. 내가 사람들을 데려갈 테니 당신은 재물을 챙기시오." 그는 그 승리를 인간적인 것으로만 여기고 그에 따르는 결과만을 다루려고 했다.

멜기세덱과 소돔 왕, 이 둘 사이의 중대한 차이는 창세기 12장 3절의 원리가 실현되었다는 것이다. "너를 축복하는 자에게는 내가 복을 내리고 너를 저주하는 자에게는 내가 저주하리니." 멜기세덱은 아브람을 축복해 그가 거둔 모든 전리품의 십분의 일을 얻는 복을 받았다. 그러나 소돔 왕은 머지 않아 굳게 닫히게 될 자신의 관에 못을 하나 더 박았을 뿐이다(창 19장).

아브람은 어땠는가? 소돔 왕의 제안에 문제가 있다는 것은 믿음의 눈이 아니면 볼 수 없다. 아브람은 승리의 공을 자신에게 돌리고 이후의 모든 것을 자기에게 유리한 대로 끌고 갈 수 있었다. 아브람은 (멜기세덱을 따라) 지극히 높으신 하나님 앞에서 겸손한 순종과 헌신의 길을 택할 수도 있었고, (소돔 왕의 제안대로) '속히 부자가 되는' 이 땅의 방식을 택할 수도 있었다.

기로에 서 있던 아브람은 믿음의 길을 택했다. 믿음은 악인들과 어울려 잔치를 즐기느니 의인들과 더불어 생계를 유지하는 최소한의 음식을 먹는 쪽을 택한다. 아브람은 하나님을 대리하는 이에게 전리품의 십분의 일을 바침으로 그 승리가 하나님에게서 온 것임을 인정했다. 함께한 이들을 위한 합당한 몫 이외에는 전부 소돔 왕에게 돌려주었다. 믿음은 악인에게서 받는 유형의 보상보다, (비록 눈에 안 보이고 손으로 만져지지 않지만) 하나님이 주시는 복을 택한다. 롯과 달리 아브람은 계속하여 '구별됨'의 길을 걷기로 선택한다. 아브람은 하나님을 붙들었다. 하나님이 그분의 때에 그분의 방식으로 약속의 풍성한 것을 따라 구원하실 것을 신뢰했다.

분명히 아브람도 자기에게 유리한 방식을 따라 해결하고 싶은 유혹을 받았을 것이다. 하나님의 약속 대신 지름길로 앞서가 손에 넣고 싶은 욕심이 왜 없었겠는가? 그는 당장 약속의 땅에 서 있었다. 자신의 군사력과 힘이라면 그 땅의 대부분을 차지하고 단숨에 약속 실현의 길로 나아갈 수 있었다. 이때도 사탄은 (훗날 예수님께 그랬던 것처럼) 아브람에게 속삭였을 것이다. "만일 내게 엎드려 경배하면 이 모든 것을 네게 주리라"(마 4:9). 이것은 앞서 도망한 자가 아브람에게 와서 (롯이 사로잡힌 사실을 포함한) 전후 사정을 알려주었을 때(창 14:13)와 마찬가지로 그의 믿음에 엄중한 시험으로 작용했을 것이다. 인간적인 관점에서 보면 사로잡힌 조카를 구하는 것은 '가치가 없는' 일이었다. 그래도 그는 칼을 차고 나섰다. 아브람은 이제 다시 한번 인간적인 관점에서 합리적이지 못한 일을 해야 하고, 칼을 내려놓는 대신 하나님이 허락하실 때까지 약속의 땅의 소유 시점을 미뤄야 한다. 아직 하나님의 때가 이르지 않았다. 아브람은 금단의 열매를 향해 손을 뻗기 보다, 비록 기다림 끝에 죽음이 있을지라도 하나님이 일하실 때를 기다리기로 선택했다. 끝까지 참으며 기다린 아브람의 믿음은, 하나님의 말씀을 너무 쉽게 의심하고 거짓을 믿어버린 아담과 하와의 선택과 선명한 대조를 이룬다.

우리는 어떠한가? 사탄은 지금도 손쉬운 방법으로 목적지에 다다를 수 있다고 지름길을 알려준다.

- 섹스: 반드시 결혼 때까지 기다릴 이유가 있는가? 섹스가 하나님이 주신 훌륭한 선물이라면, 그리고 두 사람이 진정으로 사랑한다면, 섹스를 결혼이라는 엄격한 울타리 안에 가둘 필요가 있는가?
- 직장 윤리: 모두들 적당히 일하고 적당히 퇴근한다. 모두들 매출액을 고치고 세금을 줄인다. 나만 그러지 말라는 법이 있는가? 손쉽게 이익을 취할 수 있는데, 포기해야 하는가?
- 헌금: 도대체 교회에 얼마를 내야 하는가? 십일조도 충분하지 않은가? 현실적으로 분수에 맞게 해야지, 살기도 점점 빠듯한데 말이다.

하나님이 주시는 복을 속히 얻기 위해 모퉁이를 돌자마자 지름길로 들어서고 싶은 유혹은 어디에나 존재한다. 아브람은 그런 논리가 어떤 결과를 가져오는지 알고 있었고, 그래서 거부했다.

멜기세덱과 예수님

창세기 14장에서 우리는 땅을 소유한 왕으로서 바르게 행동하는 믿음의 사람 아브람과, 그런 아브람을 축복하는 신비한 인물 멜기세덱을 동시에 본다. 아브람도 복의 근원이 될 사람이지만, 멜기세덱은 그런 아브람보다 위대한 존재로 기록된다. 신약 히브리서의 기자는 이 같은 관점을 바탕으로, 멜기세덱이 (특별히 그가 하나님의 제사장이었다는 사실로 미루어) 어떻게 그리스도를 예표하는지 설명한다. 히브리서의 기자는 세 가지 측면에서 멜기세덱을 예수님과 비교한다.

- 멜기세덱의 제사장직은 세습에 의한 것이 아니라 신분에 따른 것이었다. 다시 말해, 멜기세덱이 제사장이 된 것은 그의 부친이 제사장이었기 때문이 아니고 자신이 살렘 왕이었기 때문이다. 성경이 그의 직무에 대해 묘사하고 있는 것이라고는 그가 하나님의 제사장이었다는 말이 전부다. 마찬가지로 예수님도 세습에 의해 제사장이 되신 것이 아니다. 예수님은 제사장 레위 지파 출신이 아니었다. 그분은 메시아, 왕, 다윗의 자손이기 때문에 제사장이 되신 것이다. 예수님이 멜기세덱의 반차를 좇은(히 6:20) 제사장이신 이유도 바로 그런 의미에서다.
- 멜기세덱의 제사장직은 영원한 것이었다. 멜기세덱에게 후계자

가 있었다는 말은 없다. 성경이 언급하는 바에 의하면, 제사장 직무는 오직 이 한 사람에게서 성취되었기 때문이다. 레위 지파의 제사장직 계승은 여러 모로 요구 사항이 많았다. 희생 제사는 계속 드려져야 했으며, 레위 제사장들도 다른 사람들처럼 죽었다. 그러나 이 같은 사실이 예수님께는 적용되지 않는다. 예수님은 후계자가 필요하지 않으셨다. 그분의 희생은 영단번에 드려지는 것이기 때문이다. 나아가 그분은 죽은 자 가운데서 다시 살아나 자기 백성을 영원히 중보하실 수 있게 되었기 때문이다.

- 멜기세덱의 제사장직은 우월한 것이었다. 아브람은 멜기세덱의 축복을 받고 그에게 십일조를 바쳤다. 다른 곳에서는 아브람이 제사장 역할을 수행했다는 점에서 이 점은 특히 놀랍다. 대부분의 경우 그는 직접 제단을 쌓고 제사를 드렸다. 그러나 그는 지금 또다른 제사장 앞에 머리를 숙이고 있다. 이는 어떤 의미에서 (아브람의 후손인) 레위 제사장직보다 멜기세덱의 제사장직이 더 우월하다는 사실을 인정하는 것이다. 그러므로 멜기세덱의 반차를 좇은 예수님의 제사장직 역시 레위 계열의 제사장직보다 우월한 것이다.

왜 우리에겐 우월한 제사장직이 필요한가? 구약의 제사장직은 결코 죄를 없앨 수 없기 때문이며, 구별된 짐승의 피로는 무한히 거룩하고 위대하신 하나님께 반역한 우리의 죄값을 치르기엔 결코 충분하지 못하기 때문이다. 선지자 미가의 말은 그런 취지를 담고 있다.

> 내가 무엇을 가지고 여호와 앞에 나아가며 높으신 하나님께 경배할까 내가 번제물로 일 년 된 송아지를 가지고 그 앞에 나아갈까 여호와께서 천천의 숫양이나 만만의 강물 같은 기름을 기뻐하실까 내 허물을 위하여 내 맏아들을, 내 영혼의 죄로 말미암아 내 몸의 열매를 드릴까(미 6:6-7).

어느 것으로도 충분하지 못하다. 그러나 예수님의 피는 우리의 죄를 없애고 우리를 완전히 구원할 수 있다. 의로운 자이신 예수님이 불의한 자들을 대신하여 십자가에서 영단번에 죽으셨다. 완전하신 하나님의 아들이 죄악된 피조물을 위해 죽으셨을 뿐 아니라 죽은 자들 가운데서 다시 살아나셨고 영원히 살아 계셔서 우리를 위해 중보하고 계신다. 예수님이야말로 우리에게 꼭 필요한 효력 있는 제사장이시다.

그러므로 아브람은 자신에게 가장 영광스런 순간에도 자기보다 크신 존재를 인식했고, 그를 통해 지극히 높으신 하나님께 나아갈 수 있었다. 즉 멜기세덱을 높임으로써 위대한 대제사장 예수 그리스도를 바라보았다. 아브람은 하나님나라에서 위대함이란 단지 하나님을 위해 대단한 일을 하고 무가치한 인간들을 구해내는 데 있는 것이 아니라, 하나님이 세우신 제사장을 통해 하나님께 나오는 것임을 깨달았다.

아브람과 마찬가지로 우리는 패배의 순간뿐 아니라 승리를 거두었을 때도 예수님이 필요하다. 하나님과 사람에게 죄를 범했을 때뿐 아니라 큰 시련을 당당하게 물리쳤을 때도 우리는 십자가로 달려가야 한다. 예수님은 우리의 대제사장이며, 그분의 희생은 우리의 죄를 위해서뿐 아니라 우리의 의를 위해서도 (우리의 의가 아무리 크다고 하더라도 하나님께는 터무니없이 보잘것없는 것이기에) 드려졌기 때문이다.

예수님은 십자가에서 우리의 죄악과 의로움을 당신의 온전한 '의'로 바꾸어주셨다. 그 '의'야말로 거룩하신 하나님, 우리의 창조주이자 구원자이신 하나님 앞에 우리가 입고 나아갈 수 있는 유일한 의복이다. 우리가 누구보다 잘하고, 아무리 최선을 다한다고 하더라도 그것 때문에 하나님나라에서 한 자리를 차지할 수 있는 것이 아니다. 오직 예수님 안에 있을 때, 무가치한 종인 우리는 지극히 높으신 하나님의 기뻐하심을 경험할 수 있을 것이다.

※ 묵상을 위한 질문 ※

1. 롯이 곤경에 빠졌을 때 아브람에 대한 하나님의 약속은 어떤 위험을 맞게 되었는가? 롯은 아브람의 도움을 받을 만한 가치가 있는 사람인가?

2. 두 왕(멜기세덱과 소돔 왕)에 대한 아브람의 대응으로 볼 때, 창세기 12장 2-4절에서 하나님이 아브람에게 주신 처음 약속은 어떤 식으로 성취되었는가?

3. 멜기세덱은 어떤 면에서 예수님을 닮았는가? 아브람은 왜 멜기세덱에게 십일조를 바치고 그의 제사장 직분을 존중했는가? 히브리서 6장 20절에서 7장 19절까지를 참조하라.

4. 롯은 소돔 사람들과 가까이 지냄으로써 그들과 운명을 같이했다. 친구, 직장, 교회 등 일상에서 우리의 선택은 우리에게 어떤 영향을 미치고 있는가?

5. 아브람은 약속의 땅을 차지할 수 있는 기회를 움켜쥐지 않고, 하나님이 주시기를 기다렸다. 당신이 고대하는 약속이 있는가? 하나님이 약속을 실현시키시길 기다리는 대신 지름길로 가서 그

약속을 움켜쥐고 싶은 유혹을 받은 적은 언제인가?

6. 아브람은 소돔 왕의 소유를 전리품으로 받기를 거절했다. 하나님이 아닌 다른 방편을 통해 부자가 되었다는 식의 말을 듣는 걸 원하지 않았다. 하나님은 우리를 어떻게 부요하게 만드시는가? 우리가 소유한 것들은 우리가 하나님의 사람임을 세상에 증거하고 있는가?

5
하나님을 붙잡는 믿음

사탄의 주된 전술은 하나님의 선하심에 대해 의심을 품게 만드는 것이다. 과거에는 이 전술이 먹혀들었다. 사탄이 에덴 동산에서 하와를 속인 것도 이 전술이었다. "하나님이 참으로…먹지 말라 하시더냐?" 하나님이 정말로 우리가 잘 되기를 바라실까? 에덴 동산에서 의심을 심는 일이 성공을 거두었다면, 하나님의 약속과 현실 사이의 괴리가 존재하는 이 부패한 세상에서 의심을 심는 일이란 얼마나 수월하겠는가? 그래서인지 우리는 날마다 이런 의문을 품고 살아간다. "지금 겪고 있는 문제는 해결될까? 문제는 해결되지 않고, 또다른 문제가 생기면 어떻게 하지? 나는 무엇을 해야 하지?"

그런 시험은 종종 우리 인생의 황금기 직후에 강력하게 다가온다. 엘리야 선지자가 그랬다. 그는 얼마 전 선지자로서 최고의 정점을 찍은 바 있다. 바알을 섬기는 거짓 선지자들을 압도하고 여호와만이 참된 하나님이심을 입증했다(왕상 1장). 그러나 다음 순간 그는 이세벨 여왕으로부터 살해 위협을 받는다. 그는 사력을 다해 도망친다. 차라리 자기 생명을 거두어달라고 기도할 만큼 좌절에 빠진다(왕상 19:4). 사탄이 그에게 이렇게 속삭였을 것이다. "네가 섬기는 하나님이 정말로 선하시냐? 충실한 종에게 주시는 보상이란 게 고작 이런 것이냐?"

약속을 의심하다

아브람이 롯을 구하고 약속의 땅을 자신의 힘으로 손에 넣으려는 유혹을 물리친 후, 여호와의 말씀이 다시 그에게 임하여 약속을 확인시켜준다. "아브람아 두려워하지 말라 나는 네 방패요 너의 지극히 큰 상급이니라"(창 15:1). 하지만 현실적으로는 약속의 성취가 어느 때보다 멀어진 것 같았다. 롯은 (아브람 곁에 머무는 대신) 다시 소돔으로 돌아갔고, 아브람의 모든 소유는 친척도 아닌 다메섹 사람 엘리에셀에게 상속될 예정이었다. 하나님께 신실하게 순종하였음에도 불구하고 아브람에게는 후손이 없고, 약속하신 땅 한 조각도 얻지 못했다. 자신의 믿음을 뒷받침해줄 눈에 보이는 증거는 아무것도 없었다. 약속과 현실 사이의 간극은 어느 때보다 커보였다. 하나님에 대한 신실함을 흔드는 유혹이 어느 때보다 강력해진 상황이다.

하나님의 약속은 저 너머 현실 사이의 간극을 뛰어넘기 위해 줄기차게 믿음을 요구하고 있다는 사실을 아브라함은 깨닫고 있다. 하지만 그 정도로 믿음이 충분하지 않다고 느껴지면 어떻게 해야 하는가? 하나님의 약속이 손에서 점점 빠져나가는 것처럼 느껴지면 어떻게 해야 하는가? 아브람도 자신이 약속의 땅을 결코 누리지 못할 것이며, 지금의 소유가 하나님께 받을 수 있는 전부일지 모른다는 생각이 들었을 것이다. 하지만 지금 소유한 것으로도 충분하지 않은가? 아브람은 누구보다 잘 살아왔다. 물질적으로도 번창했다. 그러나 아브람은 훌륭한 삶에 만족하지 않았다. 그는 하나님의 뜻과 약속의 성취를 무엇보다 간절히 보고 싶어했다.

하나님의 약속 성취를 간절히 소망했던 아브람의 모습은 우리에게 큰 도전이 된다. 내년, 또는 5년 후 당신의 목표는 무엇인가? 그때 "내 삶은 그런 대로 괜찮았어!"라고 말할 수 있으면 되겠는가? 물질적으로 풍요롭다면 만족하겠는가? 의에 주리고 목마른 삶은 어떻게 되었는가? 하나님나라가 우리 안에서, 우리를 통해 확장되는 것을 여전히 보고 싶겠는가? 바로 이 점이 중요하다. 아브람은 단지 자신이 모아온 재산을 물려줄 상속자를 찾고 있던 것이 아니었다. 그렇다면 다메섹의 엘리에셀이면 충분했다. 단지 애간장을 녹이는 귀여운 미소의 아브람 2세를 품에 안고 싶었던 것도 아니다. 그는 자신을 통해 온 세상에 복을 베풀고자 하시는 하나님의 뜻이 실현되는 것을 보고 싶었다. 창세기 3장 15절에서 말한 약속의 씨, 뱀의 머리를 단번에 영원히 짓이겨버릴 그분을 바라고 있던 것이라면 지나친 과장일까? 이 약속의 구세주는 어디로부터 오시는가? 하나님은 자신의 약속을 어떤 방법으로 이루시는가?

의심을 내려놓다

약속과 현실의 괴리가 우리 믿음을 압도할 때는 어떻게 해야 하는가? 하나님 앞에 모든 것을 내려놓아야 한다. 아브람은 자신의 생각을 하나님께 모두 털어놓았다. 우리를 죄로 이끄는 회의적인 생각과 감정은 마음에 품고 있는 것보다 하나님의 인자하심 앞에 내려놓는 것이 낫다. 우리가 그렇게 한다고 해도 하나님은 충격받지 않으신다. 어쨌든 그분은 우리의 가장 깊은 생각까지 알고 계시기 때문이다.

아브람은 그렇게 했다. 그리고 하나님은 아브람을 빈손으로 돌려보내지 않으셨다. 여호와가 말씀으로 또다시 그에게 임하셨다. 여기서 우리는 선지자 아브람을 본다(창세기 20장 7절은 그를 그렇게 부르고 있다). 그는 다시 한번 하나님께 직접적으로 말씀을 받았다. 아들뿐 아니라 하늘의 별과 같이 많은 후손이 있을 것에 대한 (새로워진) 약속이었다. 뿐만 아니라 그 약속은 이전보다 구체화되었다. 그의 모든 것을 이어받을 상속자는 자신의 종 가운데 한 사람도 아니고 롯 같은 친척도 아니다. 오직 아브람에게서 태어날 아들이라는 것이다. 이것은 종종 그리스도인들의 삶에도 적용된다. 순종이 깊이를 더해 갈수록, 우리는 하나님의 계획을 보다 많이 알게 된다. 하나님이 처음부터 우리에게 결말에 대해 말씀하시는 경우는 거의 없다. 우리가 하나님을 의지해 걸어가는 매순간마다 한 걸음씩 인도하기 원하신다.

그래서 하나님은 이번에도 아브람을 밖으로 이끌고 나가 하늘을 우러러 뭇별을 셀 수 있나 보라고 말씀하신다. 말씀으로 별들을 창조하신 하나님이시라면 인간적인 소망이 끊어진 사람에게 아들을 주시는 것은 충분히 가능한 일인 것이다. 선지자 예레미야가 고백한 대로다. "주 여호와여 주께서 큰 능력과 펴신 팔로 천지를 지으셨사오니 주에게는 할 수 없는 일이 없으시니이다"(렘 32:17).

여호와를 믿다

"아브람이 여호와를 믿으니"(창 15:6). 이 짤막한 구절 속에 의미 있는 실체가 담겨 있다. 아브람은 하나님을 믿었고 '하나님이 이를 그의 의로 여기'셨다(6절). 여기서 '믿었다'로 번역된 히브리어 동사는 이것이 반복적이거나 계속되는 행위임을 가리킨다. 아브람에게 있어 믿음은 하나님의 말씀에 대한 일상적인 응답이었던 셈이다. 믿음 그 자체에 어떤 특별한 능력이 있는 것이 아니다. 아브람은 믿음 그 자체에 특별한 힘이 있음을 믿은 게 아니었다. 무턱대고 어둠 속 절벽 아래로 몸을 던진 것도 아니었다. 아브람은 하나님이 약속하셨기 때문에 하나님이 그 일을(그게 무엇이든) 이루실 것이라는 확신을 가졌다. 그런 믿음이 아브람을 의롭다 여김을 받게 했다.

그렇다고 아브람이 하나님을 위해 어떤 대단한 행동을 취함으로써 그 믿음을 표현한 것은 아니었다. 단지 무조건적인 하나님의 약속을 믿고 그분의 말씀을 그대로 받아들였을 뿐이다. 하나님께 의로 여겨진 것은 바로 이런 태도의 믿음이었다.

구약에서 말하는 의인이란 하나님과 올바른 관계에 있기에 그분이 구원해 주시는 사람이다. 대개 의롭다는 말은 도덕적인 행위를 반영한다. 즉 의로운 인간은 도덕적인 삶을 산다. 예컨대 시편 15편 2-5절이 묘사하는 사람이 바로 의인이다.

정직하게 행하며 공의를 실천하며 그의 마음에 진실을 말하며 그의 혀로 남을 허물하지 아니하고 그의 이웃에게 악을 행하지 아니하며 그의 이웃을 비방하지 아니하며 그의 눈은 망령된 자를 멸시하며 여호와를 두려워하는 자들을 존대하며 그의 마음에 서원한 것은 해로울지라도 변하지 아니하며 이자를 받으려고 돈을 꾸어 주지 아니하며 뇌물을 받고 무죄한 자를 해하지 아니하는 자이니 이런 일을 행하는 자는 영원히 흔들리지 아니하리이다.

하지만 창세기 15장에서 아브람이 의롭다고 여겨진 것은 단순한 그의 믿음 때문이었다. 분명 그의 믿음이 그로 하여금 선한 행위를 하게 했을 것이다. 그렇지 않다면 그것은 믿음이라고 할 수 없다. 그러나 아브람이 하나님 앞에서 의롭다고 여겨진 그 순간에는 오로지 믿음만이 있었다. 다음의 찬송가는 이것을 잘 표현해 준다.

빈손 들고 나아가 오직 주의 십자가를 붙듭니다[4]
내 모습 선한 것 없으나 주 날 위해 보혈 흘리셨네[5]

믿음은 결코 자기 자신을 보지 않는다. 전적으로 하나님만

---

4. Augustus Montague Toplady, "Rock of Ages."
5. Charlotte Elliot, "Just As I Am."

바라보며 그분에게서 (우리에게는 없고, 단지 우리에게 주어지는) 의를 찾는다.

약속과 현실 사이의 거대한 간극을 넘어서는 것이 믿음이다. 아브람도 약속과 현실 사이에 있었다. 하나님은 자신의 약속을 어떻게 이행하실 것인가? 100세가 다 된 노인이 어떻게 아들을 가질 수 있단 말인가? 우리도 이처럼 어려운 질문과 명백한 모순에 직면할 때가 있다. 완전하고 거룩하신 하나님이 어떻게 불경한 인간을 의롭다고 하실 수 있는가? 어떻게 나같이 죄를 짓고 또 짓는 사람의 죄가 용서받을 수 있단 말인가? 예수 그리스도의 교회는, 그 모든 결함과 실패에도 불구하고 우리 시대에 살아 남아 번성할 수 있는가? 오직 믿음만이 이런 질문들에 마침표를 달고, 오직 불가능을 행하시는 그 한분 만을 붙들게 한다.

표적을 구하다

하나님의 약속을 믿은 아브람은 표적을 구했다(8절). 비록 의심으로 보이긴 해도, 이것은 불신에서 나온 요구가 아니라, 믿음에 따른 요청이었다. 아브람은 여호와의 약속을 확신할 수 있는 징표를 원했던 것이다. 그리고 그는 숨이 멎을 듯 엄청난 경험을 한다. 하나님이 그와 직접 언약을 맺으신 것이다(18-21절). 이 언약 체결은 우리에게는 아주 낯설은 의식을 통해 이루어졌다(9-17절). 아브람은 (암소, 암염소, 숫양, 산비둘기 및 집비둘기 등) 제물로 드릴 여러 짐승을 준비하라는 말씀을 듣는다. 창세기 14장에서 왕으로서의 아브람을, 15장 앞 부분에서 선지자로서의 아브람을, 그리고 여기서는 언약 체결을 위해 모든 것을 준비하는 제사장으로서의 아브람을 보게 된다.

고대 근동 지방에서 언약은 협정을 맺는 일반적인 형태였다. 언약에는 몇 가지 종류가 있다. 어떤 언약은 거대하고 강력한 나라와 작고 힘없는 나라 사이에 체결되었다. 이때 강력한 나라의 왕은 다른 나라의 침략으로부터 보호해 주는 등의 혜택을 제의하는 대신, 작고 힘없는 나라의 왕은 충성과 복종을 맹세했다. 약한 나라에 대한 강한 나라의 이 같은 제의는 마음대로 거절할 수 있는 성질의 것이 아니었다. 또 왕과 신하 사이에 체결되는 언약이 있는데, 신하는 왕에 대한 충성과 섬김의 대가로 일정한 토지를 하사받았다. 창세기 15장에서 아브람이 체결한 언약은 후자의 범주에 더 가깝다. 그래서 하나님은 이렇게 선언하신다. "나는 이 땅을 네게 주어 소유를 삼게 하려고 너를 갈대아인의 우르에서 이끌어 낸 여호와니라"(창 15:7).

언약 체결식의 마지막 의식에는 종종 언약 당사자들이 둘로 쪼개진 짐승 사이를 걸어지나가는 관습이 있었다. 이것은 일종의 행위 저주의 역할을 했다. 즉 다음과 같은 다짐의 의미가 있다. "만일 내가 이 언약을 어긴다면 이 짐승처럼 조각날 것이다." 그런데 이번 언약 체결에 있어서는 언약을 맺는 한쪽 편만 짐승 사이를 지나갔다. 하나님이 연기 나는 풀무와 횃불의 형태로 그렇게 하신 것이다(17절). 시내 산의 구름기둥과 불기둥을 연상시키는 장면이다. 장차 이스라엘에게 율법을 내리실 하나님은 여기서는 은혜가 우선임을 보여주고 계신다. 하나님만 쪼개진 짐승 사이로 지나가심으로 언약 체결이 전적으로 일방이 책임을 져야 하는 조건임을 보여주고 계신다. 언약의 성취는 전적으로 하나님께 달렸다. 얼마나 놀라운가? 영원히 살아 계시는 하나님은 이렇게 말씀하고 계시는 것이다. "인류와 맺은 약속, 즉 아브람의 후손을 통해 성취하려는 나의 약속이 깨어지느니 차라리 내가 갈기갈기 찢어지겠다."

여호와 하나님이 아브람과 맺은 언약에 일방적으로 헌신하시겠다는 의지를 보여주는 이보다 더 명백한 그림이 어디 있겠는가? 있다면, 언약이 현실화 되는 것, 그 한 가지뿐이다. 영원하신 하나님이 사람의 형체를 취하시고, 언약을 깬 아브람의 후손들을 대신해 죽음을 당하시는 것 말이다. 실제로 하나님이 예수 그리스도 안에서 행하신 일이 바로 그것이다. 언약에 따른 저주는 철저히 십자가의 예수님에게 쏟아지고, 예수 그리스도를 믿는 죄인들은 언약에 따른 복을 누리게 될 것이다. 예수님이 우리 죄의 형벌을 지심으로, 하나님은 우리의 하나님이 되시고 우리는 그분의 백성이 될 것이다. 주의 만찬을 행할 때마다, 우리는 사람으로 성육신하신 하나님, 우리와 우리의 범죄함을 대신해 고난 받으신 하나님을 기억함으로, 하나님과의 관계가 회복되었음을 기억하게 될 것이다.

아브람이 준비한 희생 제사는 레위 지파가 드린, 구약 시대의 제사와 같다. 장차 시내산에서 드려질 희생 제사이기도 했다. 그러나 황소와 염소와 새들의 피는 우리 죄를 없애줄 수 없다. 그것들은 언약의 피, 즉 우리를 위해 십자가에서 흘리신 예수님의 보혈을 가리킬 뿐이다. 그 피 흘림이 없이는 우리 죄가 사해지지 않는다. 세실 알렉산더의 찬송시와 같다.

그 흘린 보배 피로써 날 속량했으니
저 하늘 문을 여시고 날 인도하시리[6]

약속의 실현이 지연되다

아브람은 자신이 고대하던 대로 하나님이 자기 백성을 구원하실 것을 (비록 희미하게나마) 알았다. 하지만 그는 자신이 살아 있

---

6. Cecil Frances Alexander, "There Is a Green Hill Far Away."

는 동안에는 이 땅에서 그 날을 보지 못할 것이다. 하나님은 아브람에게 일종의 경계의 말씀을 하신다. 먼저 약속의 땅은 한동안, 아주 오랜 기간, 얻지 못하게 될 것이다. 심지어 많은 어려움 끝에 주어질 것이다. 약속의 땅에 들어가기 전, 먼저 애굽에서 유배 생활을 하며 400년 간 학대를 받아야 한다.

아브람은 진정한 선지자였다. 하나님이 계시하신 그 일은 현실이 되었으니 말이다. 먼저 고난이 있고, 그 후에 영광이 찾아왔다. 이 순서는 우리에게도 적용된다. 사도행전 14장에서 바울과 바나바도 그리스도인들에게 이 같은 기본 원리가 변하지 않았음을 상기시킨다. "우리가 하나님의 나라에 들어가려면 많은 환난을 겪어야 할 것이라"(행 14:22).

세월이 흐른 뒤, 아브람은 평온하게 세상을 떠났다. 그것만으로도 커다란 복이다. 더 이상 무엇을 바라겠는가? 하지만 하나님의 약속은 이 땅에 사는 동안 대부분 실현되지 않았다. 아브람이 고대했던 약속의 땅은 궁극적으로 이 땅이 아닌 하늘에 있음을 알아야 했다. 우리도 마찬가지다. 지금 이 땅에서 하나님의 복을 누리고 있다 해도 그것은 최상의 복이 아니다.

그렇지만 약속의 실현은 왜 지연되는가? 하나님이 마치 자녀에게 경솔하게 말을 내뱉고 나서 후회하는 부모처럼 자신의 약속 이행을 주저하고 계신가? 그렇지 않다! 한편으로, 아브람에게 하신 약속의 실현은 그 땅의 거주민에게는 심판을 의미했는데, 아직 그 땅의 거주민인 아모리 족속의 죄악이 극에 달하지 않았기 때문이다(창 15:16).

이런 이유로 우리는 주변에서 악인들이 번영하는 것을 본다. 하나님의 참으심이 아직 한계에 이르지 않았다. 아직 회개할 시간이 남아 있다. 용서받은 죄인인 우리는 하나님과 생각이 다를 수 없다. 하지만 악인들을 향한 하나님의 참으심은 무한하지 않다. 소돔과 고모라의 거주민들은 이것을 곧 경험하게 될 것이다.

아브람은 하나님을 믿었고, 이것이 그의 의로 여겨졌다. 어째서인가? 그것은 그가 완전한 사람이라서가 아니었다. 실제로 성경은 가혹할 정도로 솔직하게 그의 결함과 약점을 밝히고 있다. 의로 여겨진 것은, 아브람이 하나님을 믿었기 때문이다. 하나님은 그리스도 안에서 친히 언약의 저주를 감당하실 것이다. 하나님은 그리스도 안에서 자기 백성을 대신해 완전한 삶을 사실 것이다. 아브람은 그 하나님을 믿은 것이다. 예수 그리스도가 세상을 심판하러 오시기 전, 그 참으심의 기간 동안 회개하고 믿음을 갖게 될 모든 사람을 위한 일이기도 하다. 언약을 지키시는 하나님을 믿음으로 붙드는 사람에게는 죄사함과 새 생명이 주어질 것이다. 아브람의 자손들이 하나님이 약속하신 땅을 소유했듯이, 그의 영적 자손들도 하늘에 있는 약속의 땅을 소유하게 될 것이다.

※ **묵상을 위한 질문** ※

1. 하나님이 창세기 15장에서 아브람에게 하신 약속은, 창세기 12장 2-3절과 13장 14-17절의 약속과 어떻게 다른가?

2. 하나님이 보여주신 표적(창 15:8-21)은 아브람의 질문에 어떤 대답이 되었는가?

3. 약속의 실현은 왜 지연되었는가?

4. 아브람은 하나님께 의문을 품었지만 불순종하지는 않았다. 순종으로 이어지는 의문과 반항으로 이어지는 의문은 어떻게 다른가?

5. 창세기 15장에 기록된 언약 체결식은, 어떤 면에서 그리스도를 예시하는가? 하나님만이 몸이 쪼개진 짐승 사이를 지나가신 사실에는 어떤 의미가 담겨 있는가?

6. 창세기 15장은 우리가 소유한 약속과 현실의 거대한 간극 사이의 문제를 해결하는 데 어떤 도움을 주는가?

6
비틀거리는 믿음

앞의 세 장에서 우리는 선지자, 제사장, 그리고 왕으로서의 아브람을 보았다. 그는 믿음의 사람이었다. 이제 창세기 16장에서 우리는 실패자 아브람의 모습을 보게 된다. 위대한 믿음의 사람 아브람도 우리와 다를 바 없이 이렇게 유혹을 받았다는 사실은 우리에게 위로가 된다. 하지만 동시에 도전이 되기도 한다. 아브람같이 위대한 믿음의 사람도 그처럼 쉽게 곁길로 나갔다면, 우리 같은 사람들이 시험에 빠지는 일이야 얼마나 더 쉬운 일이겠는가? 그래서 바울은 다음과 같이 말한다. "그런즉 선 줄로 생각하는 자는 넘어질까 조심하라"(고전 10:12).

창세기 16장은 아브람이 늘 안고 있던 문제를 또다시 언급하면서 시작한다. "아브람의 아내 사래는 출산하지 못하였고"(1절). 하늘의 별과 같이 셀 수 없이 많은 자손을 주리라는 하나님의 약속에도 불구하고 요람은 여전히 싸늘하게 비어 있었다. 종종 성경에서는 이런 언급 다음에 문제를 기적적으로 해결하고자 하시는 하나님의 시도가 뒤따른다. 여기서는 그렇지 않다. 대신 사래는 자신의 애굽인 여종 하갈을 통해 문제를 해결할 수 있다고 생각한다. 여기서 우리는 하나님이 아닌 인간의 지혜로 문제를 해결하려는 인간적인 노력의 전형을 보게 된다.

유혹의 속성

아담이 그랬듯이, 아브람도 자신과 가장 가깝고 사랑하는 사람을 통해 시험이 찾아왔다. 시험은 어떤 식으로든 찾아올 수 있다. 우리는 사탄이 울부짖는 사자처럼 달려들 것이라고 생각하지만, 빛의 천사같이 달콤하게 다가올 것이라고는 잘 생각하지 못한다. 성경은 마귀가 그와 같은 전술을 쓰고 있음을 경고한다(고후 11:14). 사탄은 광야에서는 노골적으로 예수님과 부딪쳤지만(마 4:1-11), 때로는 가까운 제자 베드로의 호소를 통해, 보다 교묘하게 유혹하기도 했다(마 16:23).

아담이 그랬듯이 아브람도 시험에 넘어지고 말았다. 만일 그것이 다른 방식이었다면, 어쩌면 두 사람은 넘어지지 않았을지도 모르겠다. 성경은 두 사람이 겪은 일을 묘사하면서 동일한 히브리어 표현을 사용하고 있다는 점이 주목할 만하다. 아담과 아브람은 둘 다 아내의 '말에 귀를 기울였'다(hearkened to the voice of, 창 3:17, 16:2, 개역개정, "~의 말을 듣고").

더욱 중요한 것은 두 경우 모두 아내가 '따서/데려다가'(took) 남편에게 '주었다'(gave, 창 3:6, 16:3). 이것은 가정에서 영적 리더십이 무너졌음을 말해 준다. 각각의 경우 재앙이라는 결과가 이어졌다. 물론 아내의 말에 귀를 기울인다고 잘못된 것은 아니다. 창세기 21장 12절에서 하나님은 아브람에게 아내의 말을 다 들으라고 명하신다. 그 경우에는 그녀가 옳았다. 하지만 하나님의 말씀보다 사람의 말에 귀를 기울일 때, 하나님이 복을 주려고 허락하신 소중한 사람들이 때로는 시험의 통로가 될 수 있다는 사실을 유의해야 한다. 시험이 어떤 모습으로 찾아오더라도 하나님의 말씀에 귀기울이는 것만이 비극적인 결과를 막는 유일한 방법이다. 관계가 아무리 소중하더라도 선택은 순종이어야 한다(마 10:37).

더욱이 아브람에게 찾아온 시험은 정말 그럴듯한 것이었다. 명분도 있었다. 아브람은 정욕에 이끌려서가 아니라 하나님의 약속이 실현되는 것을 보고자 하는 열망으로 하갈을 맞아들였다. 실제로 하나님이 주신 약속에서도, 아브람은 분명 후손들의 선조로 언급되지만, 사래의 경우는 명확하지 않았다. 게다가 첩을 들이는 일은 당시의 풍습이기도 했다. 그리고 관련자 모두가 동의한 일이다. 하지 말아야 할 이유가 없었다. 모든 것이 이치에 맞아보였다. 사탄의 지름길이 그러하듯이 말이다!

광야에서 사탄이 예수님께 제안한 지름길을 보자. "이 돌들로 떡을 만들어봐. 안 그러면 굶어죽을지도 몰라. 하나님의 계획이 뭉그러지는 거야! 성전 꼭대기에서 뛰어내려봐. 네가 구름을 타고 영광 가운데 임할 인자라는 것을 보여줘. 사람들이 너의 비루한 모습에 비웃지 않게 말야. 어차피 언젠가는 그 모습으로 나타날 거잖아? 지금 당장 세상의 영광을 잡아봐. 기회를 놓치면, 네 삶은 십자가말고는 아무것도 없을 거야. 원래부터 왕관은 네 것이었잖아?"(마 4:3-10 참조).

사탄의 제안은 대단히 합리적으로 보인다. 그러나 그 제안을 받아들이고 나면, 사탄의 지름길이 우리가 원하는 곳으로 이어지지 않는다는 걸 알게 된다.

나는 결혼 직후에 아내와 함께 미국을 횡단한 적이 있다. 그때의 일은 지금도 생생하다. 어느 지점에 이르렀을 때 나는 아내에게 대로를 벗어나 지름길로 가자고 제안했다. 아내도 그러자고 했다. 새벽녘에 우리는 일리노이 주 락포드에서 길을 잃었다. 엎친 데 덮친 격으로 주위에 도로표지판도 보이지 않았다. 넓은 도로로 돌아가기란 정말 식은땀 나는 경험이었다. 그 일이후로 내가 지름길로 가자고 할 때마다 아내는 묘한 표정을 짓는다. 내가 제안한 길이 지름길이 될 수도 있지만, 반드시 목적지로 데려다주지는 않는다는 사실을 배웠기 때문이다. 사탄이 제안하는 지름길이란 게 언제나 그렇다.

힘든 기다림

아브람은 서둘러 하나님의 약속이 실현되는 것을 보고 싶었다. 물론 서두른다는 말은 상대적인 의미가 있어서, 그 표현을 아브람이 사용하는 게 맞는지는 모르겠다. 실제로 아브람은 약속의 땅에서 이미 10년째 살고 있었기 때문이다(창 16:3).

조급함과 불신은 매우 위험한 태도다. 우리는 일이 빨리 진행되기를 바라며 하나님의 일하심을 기다리는 것엔 지루함을 드러낸다. 우리는 믿음으로 한 걸음 내딛기보다 눈앞에 길이 곧게 펼쳐지기를 바란다. 장애물은 그때그때마다 제거되기를 기대한다. 당장 손에 잡히는 것은 없지만, 적어도 예측가능성이 높았으면 한다. 그러나 하나님의 약속을 소유한 이의 삶도 막다른 골목에 들어서고 건널 수 없는 계곡에서 발이 묶인다. 소망이나 가능성이 전혀 보이지 않을 때가 생각보다 비일비재하다. 그럴 때 우리는 어떻게 해야 하는가? 물론 자신의 동기가 옳았는지, 순종의 길을 걷고 있는지, 또는 마음에 숨겨진 죄는 없는지 살펴보아야 한다. 때로는 우리 마음의 소망이 잘못된 방향이었음을 깨달을 수도 있다. 하지만 그 소망이 선하고 타당하다는 확신이 드는데도 불구하고 여전히 실현되지 않을 때 우리는 어떻게 해야 하는가? 그 답은 하나님의 때를 기다려야 한다는 것이다. 하나님은 게으른 분이 아니다. 하지만 서두르지도 않으신다.

어린 자녀를 둔 부모라면 기다림이 얼마나 힘든 일인지 잘 안다. 일 년 내내 생일 파티를 기다리는 아이가 있다. 날마다 조급함 속에서 살아간다. 생일이 일주일 남았을 땐, 매일 아침 눈을 뜨자마자 묻는다. "내 생일 아직 안 됐어요?" 마침내 그날이 찾아와도 부모는 아이를 설득해야 한다. 아침 6시 30분은 파티를 하기에 좋은 시각이 아니라는 것을 말이다. 하지만 6시 45분이 되면 아이는 부모가 자기를 사랑하지 않는다고 생각한다.

우리도 종종 하나님께 아이처럼 행동하지는 않는가? 하나님이 약속하신 것을 지금 당장 달라고 물건을 발로 차고 야단 법석을 부리지 않는가? 우리는 파티를 열기 위해서는 음식도 준비해야 하고 사람들도 초대해야 한다는 것을 생각하지 못한다. 하지만 참을성 있는 부모처럼 하나님은 서두르지도, 지체하지도 않으면서 모든 것이 제대로 갖추어질 때까지 기다리신다. 그러고 나서 하나님은 우리에게 약속하신 것을 주신다.

잘못된 해결책

아브람은 하나님의 때를 기다리는 대신 아내의 말을 듣고 그녀의 종 하갈을 첩으로 받아들였다. 고대 근동에서 이런 일은 드물지 않은 관습이었고, 어떤 경우에는 아내가 임신하지 못할 때 이런 방식으로 남편이 자식을 얻을 수 있다고 결혼 전에 합의하기도 했다. 더불어 첩이 자식을 낳은 뒤 본처로부터 불이익을 받게 될 상황에 대한 규정을 함께 마련한 경우도 있는 것을 볼 때, 이런 관습에 적지 않은 부작용이 따랐음을 알 수 있다. 다시 말해 질투, 험담 및 깨어진 관계 같은 부작용은 아브람의 가정도 당연히 겪었을 문제다. 임신을 한 하갈이 사래를 멸시하자, 사래는 자신이 당한 일을 아브람의 탓으로 돌리고, 아브람은 책임을 회피하여 사래에게 모든 걸 일임한다.

우리는 비판을 좋아하고 변명을 즐기는 사람들이다. 영국에 살 때 우리에게 개 한 마리가 있었는데, 자주 말썽을 일으켰다. 쓰레기통을 뒤지고 나면 자기의 잘못을 알고 있기라도 하듯 언제나 어쩔 줄 몰라했다. 그 개는 결코 앞발을 들어 다른 개를 가리키며 "모두 저 개 잘못이에요. 저 개가 나에게 시켰어요"라는 식으로 행동한 적이 없다. 인간만이 그런 식으로 행동한다. 이런 인간의 부정적인 속성이 표면화되자 행복했던 아브람의 가정에 금기 가기 시작했다. 사래는 모든 문제에 대해 아브람을 비난했다. "당신이 나의 고통을 책임져야 해요"(창 16:5 참조). 아브람은 하갈의 일에 대해 전적으로 사래가 책임지기를 바랐다. "당신의 종이니 당신 마음대로, 당신이 하고 싶은 대로 하시오"(창 16:6 참조). 하갈은 도망칠 수밖에 없었다.

누구의 잘못인가?

사탄의 지름길을 따라갈 때 무슨 일이 벌어지는가? 죄는 종종 자유를 주는 것처럼 보이지만, 상황은 이전보다 복잡해진다. 죄는 탈출구를 제공하는 듯하지만 그것은 단지 프라이팬에서 나와 불 속으로 들어가는 결과가 될 뿐이다. 그렇다면 누구의 잘못이었는가? 아브람인가, 사래인가? 아니면 하갈인가? 답은 간단하지 않다. 사실 모두가 가해자인 동시에 피해자다. 아브람은 자신의 가정에서 경건한 리더십을 발휘했어야 한다. 그러나 사래의 제안을 통해 찾아온 시험을 기꺼이 받아들였다. 마찬가지로 사래도 아기만 낳으면 되는 일이었기 때문에 자신의 여종과 반목할 이유가 없었다. 하갈은 마땅히 자신의 주인에게 공손했어야 한다. 그것은 단순히 그녀가 사회적인 도리를 지키는 일이 아니었다. 아브람을 축복하는 사람에게는 복을 내리고, 저주하는 사람에게는 저주가 임할 것이라는 약속과 연결되는 일이었기 때문이다. 세 사람 모두 잘못을 저지르고, 동시에 모두 피해자가 되었다. 우리 삶에서 일어나는 대부분의 것들이 이렇다.

하갈은 도망쳐 나와 고향 애굽으로 향했다. 그러다 애굽의 북쪽 변방 수르 광야에서 길을 잃는다. 언뜻 보기에는 그리 중요해 보이지 않는 이 지리적인 언급은 아브람의 이야기 저변에 흐르는 한 가지 사실을 기억하게 한다. 그것은 바로 애굽이 가진 매력과 약속의 땅이 가진 척박함이라는 갈등 구조다. 이 주제는 아브람 이야기의 앞에서도 등장했다. 아브람은 가나안에 들어가자마자 그 땅에 기댈 수 없다는 것을 알았다. "그 땅에 기근이 들었으므로"(창 12:10). 이때 아브람에게 떠오른 해결책은 간단 명료했다. 애굽은 식량이 풍부하다. 그러므로 잠시 그곳에 가 있는 것이다. 애굽은 풍요롭고, 반면 약속의 땅은 척박했다.

마찬가지로 창세기 13장 10절은 롯이 택한 땅이 "온 땅에 물이 넉넉하니 여호와께서 소돔과 고모라를 멸하시기 전이었으므로 여호와의 동산 같고 애굽 땅과 같았더라"고 묘사한다. 약속의 땅에서 그리 멀지 않았던 그 지역은 애굽 땅과 같았고 실제보다 더 매력적으로 보였다.

그리고 이 대목에서 성경은 하갈의 고향이 애굽임을 강조한다(창 16:1, 3). 사래가 불임이었던 반면 하갈이 아이를 낳을 수 있던 것은 그리 놀라운 게 아닌 듯 보인다. 하갈이 아브람의 가족과 사는 것을 견디지 못하고 애굽으로 향한 것도 마찬가지로 당연해 보인다.

어떤 이유로든 약속을 붙들지 못하고 애굽의 풍요를 선택하는 일은 재앙이라는 결과를 낳는다. 아브람은 애굽으로 내려간 뒤 사래를 잃을 뻔했다. 애굽과 같이 풍요로운 땅을 택했던 롯은 처음에는 동쪽의 왕들에게 사로잡혔고(창 14장), 이후에 하나님의 심판이 소돔과 고모라에 임했을 때는(창 19장) 완전히 파멸할 뻔했다. 하갈의 아들 이스마엘은 그저 아브람과 사래의 고민거리로 끝나지 않았다. 이스마엘의 자손들 역시 이스라엘 백성에게 지속적으로 육체의 가시 같은 존재가 되었다. 하갈 역시 애굽으로 도망하려 했지만 정작 그녀가 당도한 곳은 젖과 꿀이 흐르는 땅이 아니라, 광야 한가운데였다. 애굽이라는 선택지는 처음에는 매력적으로 보이겠지만 언제나 불행한 결과를 가져온다.

창세기에서의 애굽

창세기에서 애굽이 갖는 의미를 이해하려면 이 책이 출애굽 시대에 기록되었다는 점을 고려해야 한다. 창세기는 이스라엘 백성이 애굽에서 해방된 뒤에도 다시 그곳으로 돌아가려는 유혹을 끊임없이 받던 시기에 기록되었다. 그들은 광야에서 만나에

쉽게 질리고, 애굽으로 돌아가 그곳 음식을 먹고 싶어했다(민 11:5, 18, 20). 정탐꾼들이 약속의 땅을 정탐하고 나서 실망스러운 보고를 했을 때, 백성들의 첫 번째 반응은 "애굽으로 돌아가는 것이 낫지 아니하랴"(민 14:3)였다. 먹을 물이 없을 때도 그들은 "너희가 어찌하여 우리를 애굽에서 나오게 하여 이 나쁜 곳으로 인도하였느냐"(민 20:5)라고 불평했다. 그들에게 있어 애굽의 풍요는 약속의 땅에 이르는 여정에서 어려움이 닥칠 때마다 강력한 자석처럼 그들을 끌어당겼다. 하지만 창세기는 애굽으로 돌아가는 선택이 재앙으로 귀결될 것임을 경고했다.

마찬가지로 하갈이 애굽으로 도망친 것도 올바른 선택이 아니었다. 아브람을 떠난다는 것은 그에게 임하는 복을 버리는 것을 의미했다. 하지만 불행하게도 하갈을 도망치게 만든 원인은 아브람과 사래였다. 여기서 우리는 스스로에게 질문을 던질 필요가 있다. 우리는 어떤 사람인가? 사람들을 예수 그리스도에게로 이끄는 사람인가, 아니면 오지 못하게 막고 쫓아버리는 사람인가? 복음으로 나아오게 하는 활짝 열린 문인가, 아니면 철망을 두른 높은 장벽인가? 종종 사람들이 그리스도에게로 나아오는 길에 교회가 장애물이 되고 있다는 것을 어떻게 생각하는가?

하갈의 더 좋은 친구

하갈은 운이 좋았다. 그녀는 광야에서 좋은 친구를 만났다. 바로 여호와의 천사다. 하와가 그랬듯이, 하갈도 자신의 잘못과 실패 때문에 이야기가 순식간에 끝나는 불행을 겪지 않았다. 하나님이 잃어버린 자를 찾아 광야에 오셨기 때문이다. 여호와의 천사는 부드러우면서도 단호한 태도로 그녀에게 복음을 전한다. 몇 마디 말로 하갈에게 죄를 깨닫게 하고, 아브람과 그의 집을 떠남으로 인해 자초한 절망적인 상황을 지적한다. 그리고 그녀가 안전하게 돌아갈 것과 장래에 받을 복을 확인시켜준다. 하갈은 자신의 아들이 많은 후손의 조상이 될 것이라는 약속을 받는다. 이와 비슷한 장면을 우리는 떠올릴 수 있다. 우물가에서 주님을 만난 사마리아 여인이다(요 4장). 그녀 역시 주님이 자신의 가장 은밀한 죄까지 꿰뚫어보고 계시며, 그럼에도 불구하고 자신을 진정한 예배자로 바꾸어주려 하신다는 사실을 깨달았다.

애굽에서 노예처럼 살던 이스라엘 백성처럼, 하갈도 절망 가운데서 부르짖었고 하나님이 이를 들으셨다(창 16:11, 출 3:7 참조). 하갈과 이스라엘 백성이 처한 상황 사이에는 유사한 점도 있지만, 각각의 경우에 하나님이 내리신 명령은 달랐다. 하나님은 바로에게 "내 백성으로 가게 하라"고 말씀하신 반면, 하갈에게는 "네 여주인에게로 돌아가서 그 수하에 복종하라"(창 16:9)고 말씀하신다. 한쪽은 속박의 땅을 벗어나야만 자유를 얻을 수 있었고, 다른 한쪽은 속박으로 돌아가야만 자유를 누릴 수 있었다. 하갈이 다시 돌아가야만 했던 이유는 아브람과 그의 후손을 떠나서는 복을 얻을 수 없기 때문이다. 복종의 길이 고통스러울지라도 하갈이 하나님의 복을 누릴 수 있는 다른 길은 없었던 것이다.

그러나 하갈이 받은 복은 이스라엘에게 있어 지속적인 문젯거리였다. 그녀의 아들 이스마엘은 광야에서 그의 형제들과 '가까이' 또는 '적대하며' (히브리어로 두 가지 해석이 모두 가능하다) 살았다(창 16:12). 요컨대 그는 자기 형제들과 충돌을 일으키며 살았다. 죄는 언제나 문제를 복잡하게 만들고, 종종 그 결과는 오랫동안 지속된다. 아브람과 사래의 죄를 간단하고 깔끔하게 해결할 방법은 없었다. 그런 방법이 있었다면 십자가는 필요 없었을 것이다. 죄는 묻어버린다고 없어지는 것이 아니며, 속죄되어야만 한다. 그리고 우리는 광야에서 헤매던 우리를 찾아와, 그곳에서 나오게 하시는 하나님이신 예수님을 십자가 위에서 본다. 그분은 하나님을 반역한 우리의 죄를 조용히 깨닫게 하시고, 바로 그 때문에 십자가에 못박혔다고 말씀하신다. 아울러 그분은 우리에게 집으로 돌아가는 길을 가르쳐주신다. 십자가를 지나치면 축복의 길이 없다. 예수님에게는 지름길이란 없었다. 그것은 우리에게도 마찬가지다.

결국 이스마엘이 태어났다. 약속의 아들은 아직 태어나지 않았다. 이삭의 등장까지는 더 기다려야 한다. 하나님의 약속은 인간이 최선을 다한다고 해서 성취되는 것이 아니다. 더욱이 아브람과 사래는 하나님께 순종하지 못했다. 그들의 죄는 후손에게 영구적으로 영향을 미칠 것이다.

그렇지만 아브람은 실패자로 끝나지 않았다. 오히려 아브람은 믿음의 사람으로 기억된다. 그 이유는 단 한 가지다. 우리가 신실하지 못할 때에도 하나님은 신실하시기 때문이다. 아브람의 의는 자신에게서 나온 것이 아니다. 그의 믿음에서 나온 것도 아니다. 하나님이 주시는 의는 그의 믿음이 붙들었던 하나님으로부터 온 것이다. 아브람이 실패했다고 해서 결코 하나님의 계획이 좌절되는 것이 아니다.

하나님은 아브람과 언약을 맺으시면서, 언약을 지키지 못할 경우 받게 될 저주에 대해서는 당신이 전적으로 떠맡기로 하셨다. 하나님이 십자가 위에서 우리를 위해 하신 일이 그것이다. 우리도 아브람처럼 우리의 실패를 그분 앞에 내려놓으면 그분의 의가 우리 소유가 된다. 이것이 실패자 아브람과 방랑자 하갈이 마주친 복음이었다. 오늘 우리에게도 이것은 복음이다.

※ 묵상을 위한 질문 ※

1. 아브람이 하갈을 통해 자식을 얻으려 한 일이 왜 잘못인가?

2. 자식 문제에서 아브람과 사래가 선택한 '해결책'은 어떻게 더 상황을 복잡하게 만들었는가?

3. 하갈은 하나님을 어떤 분으로 불렀는가? 그 이유가 무엇이라고 생각하는가?(창 16:13)

4. 하나님이 당신의 기도에 너무 지체하시는 것처럼 느낀 적이 있는가? 그래서 스스로 문제를 해결하려 했던 적이 있는가? 무엇이 바른 선택인지 확실하지 않을 때, 잘못된 결과를 낳지 않도록 우리가 인식해야 하는 경고등은 무엇이라고 생각하는가?

5. 과거에 예상하지 못한 문제가 당신에게 시험(유혹)으로 작용했던 경험이 있는가? 그것은 무엇인가?

7
우리의 언약이신 하나님

이 땅에서 우리가 의지하는 것은 무엇인가? 정말 신뢰할 만한 사람은 있는가? 사람들은 점점 더 누군가를 믿지 않는 경향이 있다. 심지어 배우자, 투자매니저, 그리고 의사도 믿지 않으려고 한다. 정치인은 말할 것도 없다. 요즘 같은 세상에 누구를 믿을 수 있을까? 늘 변함없고 자신의 말에 진실하며, 그래서 전적으로 신뢰할 만한 이가 과연 존재하는가? 성경은 그렇다고 말한다. 하나님은 영원히 변함없고 진실하며 절대적으로 신뢰할 만한 분이시다.

거기까진 맞다고 치자. 하지만 그런 하나님이 언제나 내 편이라는 사실을 어떻게 확신할 수 있는가? 내가 잘못을 저질러 인생을 망쳐버린다면 어떻게 되는가? 평생 하나님을 떠나 산다면 어떻게 되는가? 또한 하나님을 실망시키면 어떻게 되는가? 그러고 나서 돌아오면 그때도 하나님은 나를 받아주시는가? 그렇다 하더라도 우리는 그것을 어떻게 알 수 있는가? 어느 찬송시 작가는 이런 글을 썼다.

> 저는 포도주로 변화시키기에는 너무 더러운 물이고
> 포도주로 마시기에는 너무 시고 쓴 포도입니다.
> 제 말이 주님이 시시한 분이라는 뜻이 아님을
> 주님은 아십니다.
> 하지만 주님의 권능과 선하심에도 불구하고
> 약간의 문제가 있습니다.
> 저는 한없이 약하고 악할 뿐이며,
> 당신을 실망시킬 뿐이기 때문입니다.[7]

우리가 다음 이야기에서 다루려는 것이 바로 이런 의구심과 질문이다. 하나님의 약속이 이루어지기를 기다리다 지친 아브람은 아내의 성화에 못이겨 여종 하갈을 통해 자식을 갖게 되었다. 위대한 믿음의 사람이 일을 망쳐버린 것이다. 이스마엘이

---

7. Paul Field, "Stony Ground"(Word Music [UK], 1975).

태어났을 때 아브람은 여든여섯 살이었다. 그러고도 13년이 지난 시점에, 그는 여전히 하나님의 계획에 미래가 있는지 의구심을 품고 있었을 것이다. 하나님의 기대에서 멀어진 이 사람에게 여전히 소망이 있는가? 이 같은 물음에 대해 창세기 17장은 분명하게 그렇다고 답한다. 창세기 15장에서 체결된 언약은 여전히 효력을 발휘하고 있었다. 아브람을 위한 미래는 여전히 유효하다. 왜 그런가? 하나님은 자기 백성과 맺은 언약을 반드시 지키시는 분이기 때문이다.

언약 관계

이 시점에서 '언약'이 무엇인지 설명이 필요해 보인다. 당시 사람들에게는 언약 개념이 익숙했지만, 우리는 그렇지 못하다. 본질적으로 언약은 지배와 복종을 기반으로 하는 관계를 말한다.

앞 장에서 우리는 언약이 크고 강력한 국가와 보다 약한 이웃 국가 사이에 체결되어, 전자는 후자에게 보호를 제공하고, 후자는 충성과 복종을 약속한다는 사실을 언급했다. 따라서 약한 국가는 둘 중 한 가지를 선택해야 했다. 즉 크고 강력한 국가에게 복종해 언약을 체결하고 그 혜택을 입든지, 아니면 훗날의 파멸을 감수하고 이를 거부하든지 하는 것이다. 이와 마찬가지로 하나님은 아브람에게 언약 군주가 되어 복을 제공하고 대신 그로부터 충성을 받을 용의가 있다고 말씀하셨다.

이러한 언약 관계는 우리와 하나님 사이에선 어떻게 적용되는가? 하나님과 우리의 관계가 언약에 기초하고 있다면, 그것이 의미하는 바는 무엇인가? 우선 우리에게는 하나님과의 관계에서 조건을 정할 권한이 없음을 의미한다. 즉 언약의 조건은 협상 가능한 것이 아니다.

고대의 언약 체결 과정에서 약소국의 왕이 강대국의 왕에게 이렇게 말했다고 하자. "좋소. 언약을 체결합시다. 하지만 조건은 내가 정합니다. 당신이 무슨 일을 해야 하는지, 당신이 어때야 하는지 내가 정할 테니, 당신은 나에게 아무 요구도 하지 마시오." 터무니없는 상황이지 않은가? 정말 그렇게 말했다면, 아마도 왕의 머리는 장대에 매달리고 사지가 찢겨 제국의 구경거리가 되었을 것이다. 그런데도 우리 시대의 많은 사람들이 하나님과 자유롭게 거래할 수 있다고 생각한다. 그런 사람들은 "나는 하나님이 이러저러했으면 좋겠어"라고 말한다. 하나님이 그들의 생각대로 되는 것처럼 말이다. 그들은 자신들이 믿고 싶은 것, 하고 싶은 것을 스스로 선택하고 결정하기 원한다. 그리고 하나님이 자신들에게 너무 많은 것을 요구하지 않기를 바란다. 그들은 이렇게 말한다. "나의 하나님은 그런 분이 아니야." 다시 말해 그들은 있는 그대로의 하나님을 원하지 않는다.

그들이 바라는 식의 하나님은 존재하지 않는다. 그러므로 정말 중요한 문제는 우리가 '하나님이 어떤 분이기를 바라는가'가 아니라 '실제로 하나님이 어떤 분이신가' 하는 것이다. 하나님은 스스로를 자기 백성과 언약을 체결하신 하나님으로 계시하셨다. 그 위대한 왕이 당신에게 언약 체결을 제의한다면, 선택할 수 있는 길은 둘 중 하나일 뿐이다. 왕이 제시하는 조건에 따라 언약 관계를 받아들이고 그 혜택을 누리든지, 아니면 언약을 거부하고 그 결과를 직면하는 것이다.

많은 사람들이 마치 자신들이 하나님을 면접하는 듯한 태도로 신앙을 갖는다. 하나님이 우리 인생에 유익한지 그렇지 않은지 평가하려고 한다. 하지만 하나님은 우리의 평가와 상관없이 언제나 전능한 하나님으로 존재하신다. 어떤 우상이나 사상에 대해서는 우리가 평가하고 판단할 수 있지만, 우주를 창조하신 하나님은 우리에게 오직 양자 택일의 길을 제의하신다. 우리는 그것을 받아들이든지 거부하든지 둘 중 하나를 선택한 다음 그 결과를 직면할 뿐이다.

언약이 주는 혜택

하나님이 제시하시는 언약에는 어떤 혜택이 따르는가? 하나님이 제시하시는 언약의 가장 기본적인 형태는 이런 것이다. "나는 너희 하나님이 되고, 너희는 나의 백성이 될 것이다"(창 17:7-8). 하나님은 우리가 자신과 관계를 맺을 것을 제의하신다. 우리가 이런 제안에 놀라지 않는다면, 하나님이 무슨 말씀을 하시는지 제대로 이해하지 못했기 때문이다. 우리가 누구를 섬길지 자유롭게 결정할 수 있다고 생각하고 있기 때문이다. 다시 말해, 아직도 우리가 하나님을 면접하고 있는 것이다. "내가 하나님을 나의 하나님으로 받아들이면 그분은 '당연히' 기뻐하실 거야. 그게 하나님이 존재하시는 이유니까." 그러나 창세기 처음부터 16장까지의 본문이 전하는 요지는, 죄로 인해 우리에게 '당연히'란 말이 불가능해졌다는 점이다. 에덴에서는 하나님과의 친밀한 관계가 삶의 당연한 일부였다. 하지만 죄로 말미암아 그 당연한 것이 사라졌다. 하나님이 우리를 당연히 받아들이실 환경이 안 되는 것이다. 우리의 삶은 우리 소관이며 무엇이 옳고 그른지는 우리가 결정할 문제라는 욕망이 이 모든 일의 발단이 되었다. 에덴으로 돌아가는 길, 즉 다시금 하나님의 임재 안에 살 수 있는 길은 화염검을 든 천사들에 의해 막혔다(창 3:24). 하나님만이 그들에게 비키라고 말씀하실 수 있다.

가인도 같은 문제를 겪었다. 그는 하나님이 자신의 제물을 당연히 받으셔야 한다고 생각했다. 그 제물을 드리는 마음의 태도가 어떠하든 상관없이 말이다. 그러나 제물을 받아들이고 말고 하는 것은 하나님이 결정하실 일이다. 그분이 누구를 받아들이고 누구를 받아들이지 않을지를 결정하시는 일은 가인이 상관할 바가 아니었다(창 4장 참조). 바벨탑을 건설하던 자들의 문제도 마찬가지였다. 그들은 자신들이 힘을 모으면 그 거대한 탑을 통해 하나님께 돌아갈 길을 마련할 수 있다고 생각했다. 자신들이 세우는 탑이 하늘에 닿을 수 있으리라고 오만을 부렸다(창 11:4). 그들은 돌연히 하나님 앞에 나타나 그분을 놀래키면 하나님도 당연히 그들을 받아들일 것이라고 여겼다. 지금도 많은 사람들이 그렇게 생각한다. 품위 있는 삶을 살고 사람들의 인정을 받으면, 하나님도 당연히 받아들이실 것이라고 생각한다. 그것은 하나님이 결정하실 일인데도 말이다.

　진실은 정반대다. 우리가 내세울 것이 나 자신의 의로움이 전부라면 하나님의 은총을 기대할 수 없다. 기독교의 메시지 가운데 사람들이 가장 수긍하기 힘든 것이 바로 이 점이다. 하나님이 우리를 받아들이시기 위해 가장 관심을 두시는 부분은 우리가 이룩한 것이 아니라 우리가 저지른 것에 있다. 복음이 부자들과 잘난 사람들보다 창녀와 마약 중독자, 또는 전과자들에게 더 잘 호소할 수 있었던 이유도 바로 여기에 있다. 하나님께 드릴 것이 없다는 사실을 쉽게 받아들일 수 있는 사람들이기 때문이다. 우리는 어떠한가? 살아오면서 하나님께 드릴 것이 아무것도 없다는 사실을 절감하는 지점까지 이른 적이 있는가? 하나님이 자신을 사랑하시는 일이란 '당연히' 없을 것이며, 그렇기에 우리를 향한 그분의 은혜는 실로 놀라운 것이라는 사실을 깊이 깨닫고 있는가? 그렇지 않다면 우리는 복음을 아직 제대로 이해하지 못한 것이다. 하나님이 더러운 물을 포도주로 바꾸고 자갈투성이인 땅을 비옥한 포도원으로 가꾸기를 기뻐하시는 분이라는 사실을 이해하지 못한 것이다.

사도 바울도 이 원리를 설명한다. "그러나 하나님께서 세상의 미련한 것들을 택하사 지혜 있는 자들을 부끄럽게 하려 하시고 세상의 약한 것들을 택하사 강한 것들을 부끄럽게 하려 하시며 하나님께서 세상의 천한 것들과 멸시 받는 것들과 없는 것들을 택하사 있는 것들을 폐하려 하시나니 이는 아무 육체도 하나님 앞에서 자랑하지 못하게 하려 하심이라"(고전 1:27-29).

아브람이 실패를 통해 배워야 했던 교훈도 이것이다. 창세기 16장이 끝나고 17장이 시작되기까지 걸린 13년이라는 긴 세월은, 아브람이 하나님을 향한 자신의 신실하지 못함을 충분히 성찰할 수 있게 했다. 자신의 실패에 대해 돌이켜볼 수 있는 시간이기도 했다. 그래서 하나님이 그를 찾아오신다는 일이 얼마나 놀라운 은혜인지를 깨닫고 느낄 수 있었다. 위대한 왕이 자신을 실망시켰던 사람에게 다시 찾아와 그와 체결한 언약을 재확인시켜주셨다. 하나님의 약속은 인간의 실패로 인해 깨지지 않는다. 우리 하나님은 은혜의 하나님이시기 때문이다.

이 같은 은혜의 필요성을 인식하지 못하기 때문에 사람들은 자신의 삶을 바꾸지 않은 채 자신에게 요구 따위를 하지 않는 하나님을 기대한다. 그러나 하나님은 언약 체결 과정에서 그런 제의는 하지 않으신다. 하나님은 언제나 있는 그대로의 자기 자신을 제시하신다. 우리 삶이 바뀌지 않는 한 그분과 관계 맺기란 불가능하다. 조금만 생각하면 이것은 당연한 이야기다.

그러나 우리는 결혼을 하고 나서도 달라진 환경과 관계에 맞춰 자신을 (최소한 자신의 삶을) 바꾸려 하지 않는다. 누군가가 이렇게 말한다고 해보자. "곧 결혼합니다. 결혼이 내 생활에 영향을 주지는 않을 겁니다. 내가 번 돈과 시간으로 내가 하고 싶을 일을 하며 살 겁니다. 물론 그녀와 대화를 하긴 합니다만, 내가 필요하다고 느낄 때뿐이죠." 정말 가당치도 않은 말이다. 그런데도 사람들은 하나님에 대해서는 그런 식으로 살 수 있다고 생각한다. 그들은 하나님이 그들을 위한 하나님이 되시기를 바란다. 평소엔 어디에 계시든 상관없지만, 그들이 죽을 때는 꼭 찾아와 하늘나라로 데려가 주실 하나님을 원한다. 하지만 많은 시간을 하나님과 (또는 그분의 백성과) 함께 보낼 마음은 없다. 자신들의 삶에 변화를 일으킬 하나님은 원하지 않는다. 그러나 하나님이 우리에게 제안하시는 관계는, 그것과는 정반대다. 하나님이 우리의 하나님이 되시면 우리 삶으로 들어오셔선 우리를 완전히 바꿔놓으셔야 한다. 그렇지 않다면 하나님은 결코 우리의 하나님이 아닌 것이다.

언약이 일으키는 변화

자신의 죄를 깨닫고, 하나님의 임재의 필요를 절감하며, 우리와 기꺼이 언약을 체결하시려는 하나님의 은혜를 은혜로 여길 수 있다면, 우리는 하나님이 일으키실 삶의 변화에 준비가 된 것이다. 변화를 맞이할 준비가 반드시 필요한 이유는, 하나님이 누군가의 삶에 들어오시면 그 변화는 철저할 것이기 때문이다.

아브람과 사래를 보자. 그들이 하나님께 복종한다는 것이 어떤 의미를 가졌는가? 첫째, 하나님은 그들의 이름을 바꾸셨다. 아브람을 아브라함으로, 사래를 사라로(창 17:5, 15). 고대에는 언약을 체결할 때 관례적으로 강대국의 왕이 약소국의 왕에게 새 이름을 부여했다(왕하 24:17 참조). 그런 행위를 통해 강대국의 왕은 지배권을 과시했다. 하나님도 아브람과 사래의 전인격이라고 할 수 있는 그들의 이름을 바꾸셨다. 월요일 아침에 출근해 동료들에게 이렇게 말하게 된다는 것이다. "이제부터 나를 짐이라고 부르지 마세요. 하나님이 내 이름을 프레드로 바꾸셨어요." 그 말을 들은 사람들이 어떤 반응을 보이겠는가? 정신이 이상해진 것으로 여길 것이다. 그러나 하나님께 순종한다는 것은 하나부터 열까지 모든 면에서 전적인 변화를 의미한다. 이름이 바뀐 순간부터 아브라함과 사라는 그 이름이 불릴 때마다 자신들이 하나님의 소유임을 떠올렸을 것이다.

나아가 아브라함은 언약에 복종한다는 표시로 할례를 받았다. 그것은 일주일에 한 시간만 종교 생활에 투자하고 그 나머지는 전적으로 자기 자신을 위해 살아가는 소위 '선데이 크리스천'에게 기대할 수 있는 행위가 아니다. 그것은 아브라함의 인격 가장 내밀한 곳을 거쳐 가장 고통스러운 방식으로 표출되는 방식의 믿음이었다. 우리는 어떠한가? 우리의 믿음은 인격의 가장 내밀한 곳까지 관통하여 삶의 모든 영역에서 생명력을 드러내는가? 하나님과 우리의 관계는 우리의 재정 문제까지 통제하는가? 직장과 가정에서 성실함의 동기가 되는가? 마음의 갈망, 삶의 목표까지 제어하는가? 하나님과 언약 관계에 있는 사람이라면, 그분의 영향을 받지 않고 남아 있는 영역이란 있을 수 없다. 바울의 고백처럼, '모든 생각을 사로잡아 그리스도에게 복종'(고후 10:5)하게 되는 것이다.

오늘날 사람들 사이에 도덕에 관한 논쟁이 사분오열하는 이유를 여기서 찾을 수 있다. 텔레비전과 신문에서는 자주 자녀들에게 도덕 교육을 해야 한다고 말한다. 그러나 어떤 도덕을 가르친단 말인가? 어떤 가치를 주입해야 하는가? 살인하지 말아야 한다는 데 대해서는 모두가 동의한다. 또 자녀들은 학교에서 마약의 위험성을 경고하는 강력한 메시지를 받는다. 하지만 혼외 정사라든가, 결혼 전 동거, 동성연애 등에 대해서는 어떠한가? 사람들은 그런 일은 신경 쓸 일이 아니라고 말한다. 상품을 판매하고 회사를 홍보하기 위해 하는 거짓말은 어떤가? 업계에서는 그런 일들을 당연하게 받아들이고 넘어간다.

대부분의 사람들이 도덕이란 것을 좋게 여기지만, 그것이 자신의 삶을 간섭하지 않을 때만 그렇다. 즉 그들은 자신의 삶은 예외로 하는 도덕을 원하는 것이다. 기독교는 결코 그렇지 않다. 기독교는 언약의 하나님께 전적으로 복종하는 것을 당연시한다. 그 언약은 우리 삶의 모든 영역을 철저히 지배하는 관계로 귀결된다.

할례

아브라함에게 할례란 단지 영적 헌신을 고취하기 위한 (일주일 간 못이 박힌 침대에 누워 있는 것 같은) 고통스런 단련의 의미가 아니었다. 할례는 (창세기 15장에서 짐승의 몸을 자르는 행위가 상징하는 것과 마찬가지로) 베어내는 것이 포함되는 언약의 징표였다. 짐승의 시체는 언약을 파기하는 자에게 따르는 저주를 상징했다. 게다가 하나님 자신만이 그 쪼개진 짐승 사이를 지나가셨는데, 이는 모든 형태의 언약 파기에 따르는 대가를 하나님이 스스로 치르시겠다는 의지의 표명이었다. 그럼에도 창세기 17장에서 (할례를 통해) 심판의 징표가 아브라함의 생식기에 적용되고 있다. 이것은 하나님이 약속하신 아브라함의 후손에 대한 소망의 근거인 동시에, 아브라함이 저지를 실패에 대한 소망의 근거로 작용했다. 할례의 상징하는 바가 실제로 현실이 된다면 그것은 아브람의 자손이 끊어지는 것을 의미할 것이다. 아브라함이 언약을 준수하지 못할 경우 그의 자손은 끊어질 것이다.

마침내 약속된 자녀 이삭이 태어났을 때, 할례가 상징하는 심판이 거의 현실화할 뻔했다. 아브라함은 이삭을 데리고 산으로 올라가 거기서 희생 제물로 드리라는 명령을 받았다. 제단 위에 밧줄로 묶인 아들의 목에 칼을 대려는 순간 하나님이 아브라함을 막으셨다. 그리고 아브라함의 씨를 대신해 제단에 올릴 숫양이 준비되었다. 이 모든 것이 십자가를 가리킨다. 그리스도는 언약 파기에 따르는 저주를 십자가에서 남김없이 받으셨다. 예수님은 할례가 상징하는 바, 죄에 대한 심판을 몸소 당하셨다. 사람의 몸을 입은 하나님이신 예수님이, 창세기 15장이 예견했던 내용을 성취하셨다. 아브라함의 자손이신 예수님이, 창세기 17장이 상징했던 내용을 성취하셨다. 즉 그분이 우리 죄를 대신해 베어버림을 당하심으로 우리와 하나님과의 관계가 유지될 수 있었다.

스스로 종교를 선택한다면

하나님과의 관계는 자녀에게도 영향을 미친다. 나는 자녀들이 성장하면 신앙 문제에 관해서는 스스로 결정하게 하겠다고 말하는 사람들을 여럿 보았다. 어떤 부인은 자녀에게 성경책과 다른 종교 경전을 함께 주고 그들이 스스로 신앙을 선택하게 하겠다고 했다. 그러나 성경 말씀에 따르면, 우리는 어떤 치약을 쓸지 고민하듯 자신이 섬길 신을 스스로 결정할 수 없다. 신앙을 선택한다는 것은 단지 내게 잘 맞는 종교를 찾는 것이 아니다. 오히려 언약을 지키시는 하나님께 복종할 것인지, 아니면 이를 거부하고 그 결과를 받아들일지를 결정하는 문제다. 하나님이 부르셨을 때, 단지 아브라함만 선택받은 게 아니다. 그 자손까지 선택받은 것이다. 하나님은 아브라함의 하나님만이 아니라 이삭의 하나님이며 야곱의 하나님이시기도 하다. 아브라함이 자녀에게 할례를 행한 것도 이런 이유에서다. 그들은 자신들의 신을 스스로 선택할 수 없다는 사실을 알아야 했다. 그들은 자신들이 언약 백성의 일원이라는 사실을 말해 주는 징표를 받아들여야 했다. 그들은 유일하신 참 하나님의 것이었고, 그분에게만 복종해야 했다.

그런데 할례가 그들을 구원했는가? 그렇지 않다. 이스마엘도 아브라함과 같은 날 할례를 받았다(창 17:26). 하지만 그에게는 은혜로 새로워졌다는 증거가 없다. 그는 언약의 징표는 가지고 있었지만, 궁극적으로는 언약 백성의 일원이 아니었다. 그는 성장한 이후에 하나님의 언약 백성과 적대적인 관계로 맞서며 살았다(창 16:12). 창세기 17장 19-20절에서 분명하게 볼 수 있듯이, 하나님의 복은 이스마엘과 그의 후손에게도 주어졌지만, 언약은 이삭과 그의 후손에게만 한정되었다. 마찬가지 원리로, 할례는 이스라엘 자손을 언약의 하나님, 구원을 베푸실 유일한 하나님과 연결시켜주었다. 그들이 (조상 아브라함처럼) 하나님을 신뢰하면 하나님이 그들의 피난처가 되실 것이지만, 반대로 하나님을 거부하고 반항하면 할례의 징표가 현실화할 것이다. 그들도 이스마엘처럼 베어버림을 당할 수 있는 것이다.

할례와 세례

우리는 유아에게 세례를 베푼다. 그렇게 하는 이유는 무엇인가? 세례가 그 아이를 구원하기 때문인가? 아니다. 세례는 아이에게 예수 그리스도를 가리켜 알려준다. 예수님의 깨끗케 하시는 보혈이 그 세례의 물이 상징하는 바다. 세례는 (자기 내부가 아닌 오직 외부로부터 임할 수 있는) 변화의 필요성을 아이에게 알려준다. 세례는 (할례와 마찬가지로) 내가 아닌 다른 누군가에 의해서만 행해질 수 있기 때문이다. 세례는 또한 아이가 하나님의 언약 백성의 일원이라는 사실을 알려준다. 아이는 자신이 섬길 신을 자기 뜻대로 선택할 수 없다. 아이는 유일하신 참 하나님께 복종하든지, 아니면 그분에게서 영원히 떨어져나가는 결과를 마주해야 한다.

하지만 세례에는 그 이상의 의미가 있다. 세례는 하나님의 약속에 대한 신뢰의 행위다. 아브라함이 자녀에게 할례를 베풀었을 때, 그는 진정 중요한 것은 마음의 할례이지 외적인 의식이 아니라는 사실을 알고 있었다. 자녀들은 할례를 통해 멸망의 위험성에 대한 경고를 받을 뿐 아니라, 정결케 될 필요가 있었다. 이와 마찬가지로 우리의 자녀에게 세례를 베풀 때도 마음의 세례, 즉 성령을 통한 거듭남이 필요하다는 사실을 알아야 한다. 우리는 세례를 행하면서 하나님의 선하심에 의지하고, 우리 자녀를 위해 약속된 성령을 허락하시도록 요청하는 것이다. 다시 말해 우리는 오순절에 베드로가 외친 선언을 믿음으로 붙잡는다. (성령에 대한) "이 약속은 너희와 너희 자녀와…하나님이 얼마든지 부르시는 자들에게 하신 것이라"(행 2:39).

한번 생각해 보자. 우리의 자녀가 성령을 받을 것이며, 그리스도인으로 자랄 것이라고 소망하는 근거는 어디에 있는가? 아마도 이렇게 대답할지 모른다. "내가 할 수 있는 최선의 노력을 할 거예요. 아이와 함께 교회에 가고 함께 성경을 읽고, 그리스도인의 삶이 무엇인지 가르쳐줄 겁니다." 모든 사람이 이 모든 노력을 기울이기를 바란다. 그럴 수 있다면 분명 큰 축복이다.

하지만 우리가 자녀를 위해 해줄 수 있는 일이란 그들을 종교적으로 만드는 것이 전부다. 그들에게 필요한 새 마음을 주실 수 있는 분은 하나님뿐이다. 그러면 우리는 또 이렇게 말할지 모르겠다. "당연히 하나님이 그렇게 하실 겁니다." 그러나 '당연히'란 말은 있을 수 없다. 우리가 자녀에게 당연히 물려줄 수 있는 것이란 죄악된 본성과 불완전한 삶의 행태일 뿐이다.

우리 하나님은 자신을 언약의 하나님으로 (우리를 개체로서가 아닌 가족의 일원으로 다루시는 분으로) 계시하셨다. 우리가 자녀에게 세례를 베풀면서 세상을 향해 기쁘게 선포하는 메시지가 바로 이것이다. 어린아이도 회개와 믿음을 통해 하나님을 의지할 수 있으며 성령을 받을 수 있다. 우리는 세례를 통해 우리 자신과 자녀에게 이렇게 시인하는 것이다. "우리가 자녀를 구원할 수 없습니다. 자녀가 회개와 믿음을 통해 하나님을 의지할 때 하나님은 그들을 구원하실 것입니다. 하나님은 언제나 신실하게 언약을 지키시는 분이기 때문입니다. 하나님의 언약은 우리의 인격이 아니라 그분의 성품에 근거하고 있기 때문입니다."

불확실한 세상에서 우리는 누구를 믿을 수 있는가? 누구를 의지할 수 있는가? 언약의 하나님뿐이다. 우리의 자녀를 누구에게 맡길 수 있는가? 언약의 하나님뿐이다. 하나님은 우리와 전면적인 관계를 맺고 싶어하신다. 그분은 우리를 재창조하고, 우리 삶의 모든 영역을 그분의 뜻대로 바꾸어 우리가 그분과 영원히 살게 되기를 원하신다. 그것이 언약의 조건이다. 우리가 선택할 수 있는 길은 그 조건을 받아들이고 하나님께 복종해 그분이 제시하는 복을 받든지, 아니면 그분을 거부하고 그로 인한 결과를 받아들이든지, 둘 중 하나일 뿐이다.

자녀들이 장성한 후에 우리는 그들이 세례 받던 날을 상기시켜주어야 한다. 그리고 이렇게 말해야 한다. "그분은 네 마음대로 선택하고 말고 할 수 있는 분이 아니란다. 오직 회개와 믿음으로 그리스도를 의지하고 그분이 주시는 새 생명을 받아야 해." 그리고 우리는 하나님이 자녀에게 새 생명을 주시기를 기도해야 한다. 우리가 섬기는 분은 언약을 지키시는 하나님이기 때문에 우리는 담대하게 그렇게 기도할 수 있다.

하지만 동시에 우리 자신의 마음도 살펴보아야 한다. 우리는 하나님의 언약 백성의 일원인가? 우리는 대부분 교회에서 성장했고, 세례를 받았고, 당연히 스스로를 그리스도인이라고 생각한다. 하지만 우리는 예수 그리스도로 말미암는 하나님과의 전면적인 관계를 맺고 있는가? 그렇지 않다면 언약에 따른 저주를 피할 수 없을 것이다.

※ 묵상을 위한 질문 ※

1. 하나님이 아브람에게 나타나 자신을 어떻게 소개하셨는가? 아브람에게 요구하신 것은 무엇인가?

2. 하나님이 아브람에게 새 이름을 주신 이유는 무엇인가? 아브람과 아브라함이란 이름의 의미는 각각 무엇인가?

3. 언약의 효력은 단지 아브라함에게만 미쳤는가? 하나님이 아브라함의 하나님뿐 아니라 그의 후손들의 하나님이 되겠다고 약속하신 의미는 무엇인가?

4. 하나님을 언약의 창시자, 언약의 준수자로 보는 성경의 인식과, 우리 사회의 일반적인 하나님에 대한 인식 사이에는 어떤 차이가 있는가?

5. 그리스도인들이 하나님의 언약 조건을 받아들이든지, 아니면 거부하고 그 결과를 받아들이든지, 둘 중의 하나를 선택할 수밖에 없는 이유는 무엇인가?

6. 하나님은 아브라함의 이름을 바꾸고 그에게 할례를 요구하여 그

에 대한 소유권을 주장하셨다. 하나님이 우리를 소유하고 계심을 보여주는 방식은 무엇인가? 그것이 우리 안에서 분명하게 확인되고 있는가?

8
하나님의 벗

"하나님은 멀리서 우리를 지켜보고 계신다." 베트 미들러가 불러 유명해진 곡 〈프롬 어 디스턴스〉(From a distance)의 한 대목이다. 이 노랫말은 하나님에 대한 일반적인 인식을 드러내고 있다.[8] 즉, 하나님은 "저 밖 어딘가에 계신다"는 관념이다. 세상에서 이루어지는 일들을 인자한 눈으로, 그러나 멀리서 지켜보고 계신다는 것이다. 하나님과 우리의 관계도 그런 것인가? 아브라함은 그렇게 생각하지 않았다. 앞에서 우리는 아브라함의 여러 모습을 살펴보았다. 선지자 아브라함, 제사장 아브라함, 왕

---

8. Julie Gold, "From a Distance"(Julie Gold / Wing and Wheel Music, 1990).

아브라함 그리고 실패자 아브라함이다. 이번에는 그의 또다른 모습이 우리의 시선을 끈다. 하나님의 벗 아브라함이다.

하나님의 벗, 아브라함

아브라함은 구약 성경에서 '하나님의 벗'이라고 불린 유일한 인물이다(대하 20:7, 사 41:8). 놀랍지 않은가? 실패자 아브라함이 하나님의 벗으로 불리고 있다.

어떻게 그런 일이 일어날 수 있었는가? 그 대답은, 모든 그리스도인이 스스로의 경험을 통해 알게 되는 것처럼 하나님의 놀라운 은혜를 통해서다. 오직 은혜, 즉 아무 자격 없는 사람에게 무조건적으로 주어지는 은혜만이 불완전한 인간으로 하여금 완전하신 하나님 앞에 설 수 있게 한다. 오직 은혜만이 거룩하지 못한 인간으로 하여금 지극히 거룩하신 분께 나아가 그분의 벗으로 불릴 수 있게 한다. 하나님이 자신이 창조하신 사람들과 맺고 싶어하시는 관계는, 마치 부지런히 먹이를 찾아 돌아다니는 개미를 지켜보듯이 그저 멀리서 호기심 담은 미소를 지어 보이는 그런 식의 관계가 아니다. 하나님은 우리를 자신의 벗으로 부르길 원하신다. 이것은 신약 성경이 전하는 놀라운 복음의 메시지이기도 하다.

구약에서 아브라함이 하나님과 누린 관계는 우리 모두에게도 열려 있다. 예수님은 제자들에게 이렇게 말씀하셨다.

너희는 내가 명하는 대로 행하면 곧 나의 친구라 이제부터는 너희를 종이라 하지 아니하리니 종은 주인이 하는 것을 알지 못함이라 너희를 친구라 하였노니 내가 내 아버지께 들은 것을 다 너희에게 알게 하였음이라(요 15:14-15).

친구 관계는 무엇이 특별한가? 친구란 서로 마음을 나누는 관계다. 단지 우리가 하는 일을 아는 데 그치지 않고, 왜 그 일을 하는지도 확실히 아는 관계다. 아브라함은 하나님이 자신의 마음을 열고 생각을 나누신 바로 그런 사람이다.

미지의 세 방문객

어느 날 아브라함은 이글거리는 정오의 열기 속을 걸어오는 미지의 세 방문객을 보았다. 중동 지방에서는 이맘 때 여행하는 것이 좋지 못하다. 아브라함은 여느 선량한 집 주인이 그렇듯이 그들을 환대했다. 가장 좋은 음식을 꺼내 그들에게 내어놓았다. 그들은 앉아 음식을 먹고, 아브라함은 식사 내내 곁에서 시중을 들었다. 사실 그것은 일상에서 벗어날 게 없는 자연스런 과정이었다. 하지만 서서히 이 방문객들의 정체가 밝혀진다. 먼저 그들 가운데 하나가 아브라함에게 하나님만이 하실 수 있는 약속을 한다. "내년 이맘때 내가 반드시 네게로 돌아오리니 네 아내 사라에게 아들이 있으리라"(창 18:10).

위대한 군주는 자신의 충신에게 영토와 재산을 하사하겠다는 약속을 할 수 있다. 하지만 자손을 약속할 수 있는 이는 오직 하나님뿐이다. 게다가 이 낯선 방문객은 사라가 의심을 품은 것까지 밝혀냄으로 자신의 전지전능함을 드러내고 있다. 사라는 자신이 장막 안에 숨어 지켜보고 있었기 때문에 들키지 않을 것이라고 생각했다. 그럼에도 이 방문객은 그녀의 은밀한 생각을 알고 있었다(12-13절). 그러므로 이 신비에 싸인 방문객이 자신의 신분을 여호와라고 밝혔더라도 놀랄 만한 일은 아니었다(13절).

이 만남 속에서 하나님은 아브라함을 자신의 친구로 대해 주셨다. 무엇보다 일상적인 식사를 함께함으로 친밀함을 나누셨다. 이것은 놀라운 특권이다. 성육신하시기 전의 하나님이 사람과 음식을 함께 먹으시는 유일한 장면이기 때문이다. 하나님이 사람들에게 나타나셔서 사람들이 음식을 드린 경우는 많이 있었다. 하지만 그 모든 경우에 하나님은 그것을 제물로 받으셨다. 이와는 달리 하나님은 아브라함과의 특별한 관계를 입증하셨다. 게다가 일행 중 나머지 둘이 소돔의 상황을 살피러 앞서 간 동안, 하나님은 그곳에 잠시 지체하며 장차 있을 일에 대해 아브라함과 얼굴을 마주하고 이야기를 나누기까지 하셨다.

방문 목적

하나님이 아브라함을 방문하신 목적은 무엇인가? 단순히 시간을 함께 보내기 위한 사교적인 방문이 아니었다. 이전에 아브라함에게 주신 약속을 재확인시켜주시기 위한 목적이 있었다. 아브라함은 오랫동안 기다려온 아들이 마침내 태어나리라는 말씀을 듣는다. 정확히 1년 후다(창 18:10).

그처럼 구체적으로 날을 특정하는 방식의 기약은 믿음에 대한 시험이기도 했다. 정확히 알지 못하는 미래 어느 시점에 하나님이 아들을 주겠다고 하신 약속을 믿는 것과, 특정 날짜에 소망을 고정시키고 그때가 되어 약속된 일이 일어나지 않더라도 참담하고도 쓰라린 실망감을 견뎌내는 일은 전혀 다른 문제이기 때문이다. 그렇기 때문에 사라는 믿음을 갖기가 어려웠다. 그녀는 약속이 실현될 것이라고는 믿기 어려웠고, 속으로 웃었다. 사라의 의심은 창세기 17장 16절에서 하나님이 아브라함에게 하셨던 (그녀가 아브라함의 아들을 낳으리라는) 약속에 일부 원인이 있는 것으로 보인다. 아브라함이 이때 사라에게 이 기쁜 소식을 납득시키지 못했을지 모른다. 나중에 잘못될지도 모르는데 괜한 희망을 불러일으킬까 두려워 그 소식을 전하는 것을 주저했을 수도 있다. 사정이 어찌되었든 그녀는 우리들 대부분이 그렇듯이 믿기를 주저했다.

때로 하나님의 약속은 너무 좋아서 믿기 어려운 경우가 있다. 그래서 하나님이 친히 말씀하셨음에도 불구하고 사라의 의심은 사라지지 않았다. 그녀는 처음에는 하나님의 약속을 의심하고, 다음에는 자신이 의심했다는 사실을 부인했다. 하지만 하나님은 그녀를 꿰뚫어보셨다. 하나님께 숨길 수 있는 일이란 아무것도 없다. 우리는 그분을 속일 수 없다.

그러나 복음은 하나님이 우리가 상상하는 것 이상으로 관대하시다는 사실이다. 하나님은 전에도 의구심을 가진 아브라함에게 관대하셨다(창 17:17). 아브라함의 첫 반응 역시 사라만큼이나 회의적이었다. 이제 하나님은 사라에 대해서도 관용을 베풀어 사랑스런 의심쟁이에게 자신의 약속을 부드럽게 재확인시켜주신다. 이때 하나님의 말씀은 베드로가 물 위를 걷다가 파도에 압도되었을 때 예수님이 하신 말씀처럼 부드러웠다. "믿음이 작은 자여 왜 의심하였느냐"(마 14:31).

이것은 자신의 피조물이 힘겹게 살아가는 모습을 멀리 떨어져서 인자한 시선으로 지켜보는 창조자의 반응이 아니다. 우리는 우리가 느끼는 바에 대해 하나님께 솔직히 말하는 것을 두려워할 필요가 없다. 하나님은 우리의 의심, 우리의 두려움, 우리의 꿈까지 모두 알고 계시며, 우리가 그 모든 것을 그분 앞에 내려놓을 때 친구처럼 부드럽고 관대하게 받아주신다.

소돔의 미래

아브라함과 사라를 방문하신 하나님은 두 사람의 미래에 대해 계시하는 것으로 그치지 않으셨다. 하나님은 아브라함에게 소돔을 향한 자신의 뜻을 알려주셨다. 이 장면에서 선지자 아브라함의 모습이 드러나며, 하나님은 때마다 이런 방식으로 미리 선지자들에게 자신의 뜻을 알려주신다(암 3:7 참조). 심판이 임박했을 때 하나님은 더욱 그러하셨다. 악인들에게 임하는 심판은 단순한 자연 재앙이나 갑작스런 운명이 아니다.

하나님이 불의한 자들에게 보응하신다는 사실을 아는 사람에게는 막중한 책임이 따른다. 아브라함은 자신의 자녀와 권속에게 하나님의 도를 지키도록 가르치라는 지시를 받았다(창 18:19). 하나님이 일하시는 순서를 아는 것이 중요하다. 하나님이 아브라함에게 말씀하신 것처럼 먼저 은혜가 주어진다. "내가 너를 택하였다." 아브라함이 선택을 받은 것은 그의 성품이나 행실 때문이 아니다. 하나님이 그에게 바라시는 것이 있었기 때문이다. 그는 하나님의 사람이 되어야 했다. 그 다음, 은혜가 주어진 후에는 순종이 따라야 했다. 은혜는 순종을 통해 그 뜻한 바를 이루기 때문이다.

더욱이 아브라함은 단지 자신의 유익을 위해서가 아니라, 자기 이후의 자손과 권속들이 (아브라함의 뒤를 이어) 하나님의 길을 따름으로 은혜를 얻게 하기 위해 택함을 받았다. 우리가 앞 장에서 살펴본 내용이기도 하다. 즉 하나님은 주권적으로 아브라함에게 오셔서 아무 자격 없는 그에게 은혜의 약속을 베푸셨다. 은혜를 입은 사람은 순종을 통해 응답하고, 가족들이 같은 길을 걷도록 가르쳐야 하는 의무가 생긴다.

하나님이 선택하셨다고 해서 하나님의 명령까지 필요 없어지는 것은 아니다. 은혜가 아브라함의 자손에게 자동적으로 전해지는 것은 아니기 때문이다. 오히려 경건한 양육을 통해 전해져야 하며, 이것이 보편적인 법칙이다. '여호와가 아브라함에게 대하여 말한 일을 이루[기 위해]'(19절) 자녀들은 바른 가르침을 받아야만 한다. 잠언 22장 6절 역시 동일한 취지로 분명하게 말하고 있다. "마땅히 행할 길을 아이에게 가르치라 그리하면 늙어도 그것을 떠나지 아니하리라."

물론 이 본문들은, 마땅히 행할 길에서 시작한 모든 자녀가 최종적으로 모두 그리스도인이 될 것임을 보증하지는 않는다.

단지 자녀가 하나님의 길을 걷도록 양육할 책임이 우리에게 있음을 강조한다는 데 방점이 있다. 보편적인 원리는 성령님이 신비로운 섭리 속에서 경건한 부모들의 영향력과 가르침, 훈육을 통해 역사하신다는 것이다.

롯의 가족

이 동일한 메시지가 롯의 가족을 통해서는 정반대의 장면으로 그려지고 있다. 소돔의 멸망을 보면서도 떠나기를 머뭇거렸던 롯의 아내는 소돔과 함께 파멸했다(창 19:26). 롯의 사위들은 소돔에 심판이 임박했다는 경고를 농담으로 받아들였다(14절). 롯의 딸들은 아버지와 함께 소돔을 떠나기는 했지만, 타락한 소돔의 생활방식을 끊어내지 못했다(창 19:30-38). 아브라함의 친척이라는 사실이 하나님의 심판으로부터 그들을 자동적으로 보호해 주는 것은 아니었다.

창세기의 첫 독자였던 이스라엘 백성들은 소돔과 고모라의 교훈을 잊지 말아야 했다. 불의한 소돔과 고모라처럼, 심판은 불순종하는 이스라엘 백성들에게도 임할 수 있었기 때문이다. 소돔과 고모라의 운명은 심판의 엄연함을 무시해서는 안 된다는 경고가 되었다. 이스라엘 백성들이 하나님께 반역했을 때,

모세는 그들에게 완전한 파멸이 임할 수 있음을 환기시키기 위해 이 소돔과 고모라의 운명을 언급한 적이 있다(신 29:23).

다른 사람에게 심판이 임하는 것을 보면서 우리는 종종 자기 만족에 빠지곤 한다. 그들이 정말 나쁜 사람이므로 심판은 당연하다고 여기는 것이다. 그러나 실제로는 우리 모두가 그와 같은 심판을 받아 마땅한 존재들이다. 소돔과 고모라 거주민들이 우리보다 죄가 더 많을지는 모르나, 궁극적으로는 우리 모두 그들과 똑같은 운명을 맞을 수밖에 없는 존재들이다. 바울의 말처럼 '우리가 다 반드시 그리스도의 심판대 앞에 나타나게 되어 각각 선악간에 그 몸으로 행한 것을 따라 받[을]'(고후 5:10) 것이다.

이 같은 진리를 잘 알았던 바울은 사람들에게 하나님과 화목하도록 권면하는 일에 그토록 열심을 냈다(고후 5:11). 마찬가지로 소돔과 고모라에 심판이 임할 것을 알게 된 아브라함은 겸손하게, 그러나 효과적으로 하나님과 그들 사이를 중보했다. 그는 자신과 가족만을 위해서가 아니라 악한 도시를 위해서도 기꺼이 중보했다. 이처럼 하나님의 벗은 죄인들의 벗이 되어주었다. 하지만 아브라함은 죄인들과 다를 바 없는 방식으로 헛된 타협을 시도했던 롯하고는 전혀 달랐다. 아브라함은 하나님과의 사이에서 중보자가 되어주었다. 바울과 마찬가지로 아브라함도 그들이 구원받기를 간절히 원했고, 그 간절함이 그로 하여금 기도의 무릎을 꿇게 만들었다. 이 대목에서 우리는 스스로에게 질문을 던져야 한다. 우리는 악인들을 위해서도 기도하는가? 조금만 애쓰면 회개하고 돌아설 '가능성을 보이는' 사람들뿐 아니라 도무지 구제불능인 악인들을 위해서도 기도하는가? 주변에 소돔과 고모라와 크게 다르지 않은 지역과 이웃이 있는데 그들을 위해 중보하고 있는가? 우리의 좋은 이웃만을 위해 기도하지는 않는가?

아브라함의 '대제사장적 기도'

아브라함은 자신의 기도가 응답받아야 하는 근거를 자신에게서 찾지 않았다. 자신에게는 하나님께 인정받을 만한 공로 같은 것이 아무것도 없음을 잘 알았다. 그렇기에 그는 자신이 '티끌이나 재'와 같다고 고백했던 것이다(창 18:27). 예수님이 (대제사장적 기도를 드리시면서) 아버지께서 자신에게 주신 권세 및 아버지와 함께 가졌던 영화를 언급하신 반면(요 17:2, 5), 아브라함은 하나님의 의로우신 성품에 호소했다. "세상을 심판하시는 이가 정의를 행하실 것이 아니니이까"(창 18:25).

그럼에도 그는 하나님이 심판을 행하지 마실 것을 요청하지는 않았다. 오늘날 많은 사람들은 소돔과 고모라가 심판을 면해야 하는 이유를 들면서, 그들이 (선하기 때문이 아니라) 심판을 받을 정도로 악하지 않기 때문이라는 점을 지적하곤 한다. 이와 대조적으로 아브라함은 단지 악한 자들을 멸하시면서 의인을 함께 멸하시는 게 온당치 못하다는 점을 지적한다.

여기서 아브라함은 그저 의인들의 운명을 염려한 것이 아니었다. 소돔이 멸망할 때 소수의 의인들이 휩쓸리지 않을까 걱정한 게 아니었다. 그런 일은 하나님이 파괴의 현장에서 그들을 옮겨주시면 해결될 일이었다. 실제로도 그렇게 되지 않았는가? 설령 그들이 구원받지 못했더라도, 그래서 소돔의 운명과 더불어 불행하게 휩쓸렸을지라도, 그들에게 영원한 안녕은 보장되어 있었다. 의인들이 악인들과 함께 고통을 겪는 상황이란 비일비재하다.

아브라함이 주목한 것은 의인들에게 있는 영향력이었다. 소돔에 충분한 수의 의인들이 남아 있는 한, 악한 자들의 회개는 실현 가능한 이야기였다. 알곡과 가라지 비유(마 13:24-30)처럼, 아브라함은 (의인들에 의해 회개할 사람들도 있을 텐데) 하나님의 때 이른 심판으로 장래의 알곡까지 뽑히지는 않을까 염려했던 것이다.

그것이 그가 열 명의 의인까지만 언급하고 중보하기를 멈춘 이유였는가? 아브라함이 하나님과 밀당하기를 피곤해 한 게 아니라, 소돔에서 충분한 영향력이 발휘되려면 최소한 그 정도의 의인이 있어야 한다는 생각 때문이었을 것이다. 이 숫자는 나중에 유대 회당을 구성하기 위한 최소 인원으로 정착된다. 그러나 가장 의로운 사람들이 존재한다 해도 도무지 구원할 수 없을 만큼 죄악으로 가득찬 도시가 있을 수 있다. 에스겔 시대의 예루살렘이 그랬다. 에스겔서에 따르면 비록 노아, 다니엘, 욥과 같은 위대한 의인들이 있을지라도 그들을 구원할 수 없을 것이라고 선포한다(겔 14:12-13).

즈비 아다르는 이렇게 기록한다.

> 의인들이 있는 동안은 선이 퍼질 희망이 있으므로 악인들이 구원받을 수 있다. 그러나 의인들이 사라지게 되면 악인들에게 내려지는 자비도 그들의 악함을 조장하고 강화시킬 뿐이다.[9]

소돔이 아무리 악하다고 해도, 그 안에 열 명의 의인이 있었다면 멸망할 필요까지는 없었을 것이다. 복음의 열정을 품은 소수의 사람들이 일으키는 변화는 그런 것이다. 한 사람의 남은 자(remnant)가 있는 한 소망이 있을 것이므로 아브라함은 중보하려 했던 것이다.

하지만 최종적으로 아브라함은 모든 것을 하나님의 의로우

---

9. *The Book of Genesis, An Introduction to the Biblical World*(Jerusalem : Magnes, 1990), 80.

심에 맡겼다. 그는 온 세상의 심판자가 의를 행하실 것에 대한 확신을 가졌다. 온 세상을 심판하실 권세가 하나님께만 있음을 인정하고, 그것을 무시하거나 빼앗으려 하지 않았다. 하나님을 채근하지도 않고 구체적인 약속을 받아내지도 않았다. 어떤 면에서 그 일은 전혀 소망이 없어 보였다. 유일한 해결책이라고는, 에스겔 시대처럼, 가증한 일로 말미암아 탄식하며 우는 자의 이마에 구원의 표시를 해주는 일 정도였을 것이다(겔 9:4). 그러나 진노의 잔이 소돔과 고모라 위에 막 쏟아지려는 순간, 아브라함은 마치 (예수님이 그러셨던 것처럼) "내 아버지여 만일 할 만하시거든 이 잔을 내게서 지나가게 하옵소서 그러나 나의 원대로 마시옵고 아버지의 원대로 하옵소서"(마 26:39)라고 말하고 있었다. 그렇다. 그는 하나님의 벗이었다. 그에게는 잃어버린 자들을 위해 중보할 권리가 있었다. 그럼에도 자신이 하나님이 아니라는 점을 분명히 했다. 오직 하나님만이 의로우신 재판관으로서 불의한 자들에게 구원을 가져다주실 수 있었다.

의로운 재판관은 불의한 자들을 어떻게 구원하시는가? 아브라함의 후손인 예수 그리스도를 통해서다. 예수님은 단지 불의한 자기 백성을 위해 중보하는 데 그치지 않고, 그들에게 은혜가 내려지도록 스스로 그들을 대신해 진노의 잔을 받으셨다.

소돔을 위한 아브라함의 중보는 쓸모없는 일이 아니었다. 소돔은 멸망했지만 하나님은 아브라함을 기억하셔서 롯을 구원하셨다(창 19:29). 그렇다면 예수님이 드리시는 대제사장적 기도에 대해 우리는 더 큰 확신을 품을 수 있지 않겠는가! 하나님은 예수님이 십자가에서 치르신 희생을 기억하신다. 그 결과 셀 수 없이 많은 무리가 장차 올 진노에서 구원을 받게 되었다.

이 도시는 구원받을 수 있는가?

만일 소돔과 같이 사악한 도시가 구원을 받을 수 있었다면, 그 누구라도 구원받을 수 있을 것이다. 그러나 소돔과 같이 사악한 도시가 정말 구원받을 수 있는가? 놀랍게도 성경은 그렇다고 대답한다. 에스겔서 16장에는 예루살렘의 죄악과 다가올 심판을 생생히 묘사하는 대목이 있다. 거기서 예루살렘은 성적 가증함의 효시라고 할 수 있는 소돔보다 가증하고, 우상 숭배의 효시라고 할 수 있는 사마리아보다 악한 도시로 그려지고 있다. 정말 놀라운 고발이 아닌가? 하나님의 거룩한 도성이 타락의 상징인 이 두 도시보다 비참해지다니!

그러나 에스겔은 곧바로 회복 (예루살렘뿐 아니라 소돔까지 포함하는 회복)에 대해 말한다. 불의와 악함의 대명사처럼 알려진 도시와 성전 도시가 함께 회복되리라는 것이다. 그 이유는 무엇인가? 에스겔서에 나타난 하나님의 대답은 다음과 같다. "이는 내가 네 모든 행한 일을 용서한 후에 네가 기억하고 놀라고 부끄러워서 다시는 입을 열지 못하게 하려 함이니라"(겔 16:63).

이처럼 구원이 전적으로 은혜의 문제일 때 우리에게 자랑의 여지란 있을 수 없다. 이 은혜가 예루살렘에 닿을 수 있다면 소돔에도 닿을 수 있는 것이다. 소돔은 멸망받아 마땅했지만 회복될 수 있다. 소돔의 악이 아무리 높다 하더라도 하나님의 은혜가 닿을 수 없을 만큼 높지는 않다. 악인을 위한 의인, 예수 그리스도의 죽음은 어떠한 악인이더라도 넉넉히 구원하고도 남을 가치가 있기 때문이다.

프란시스 반 알스타인의 표현처럼 말이다.

> 극악 무도한 죄인일지라도 진실로 믿는 바로 그 순간에
> 예수님으로부터 죄사함을 받는다.[10]

그러나 우리는 복음의 또다른 측면도 인식해야 한다. 소돔의 사악함 그 자체만 본다면, 멸망은 피할 수 없는 일이다. 악은 심판받아야만 한다. 소돔의 거주민들은 일찍이 아브라함 덕분에 구원받은 적이 있었다(창 14장). 그러나 이제 도끼가 둥치에 놓였다. 이번엔 아브라함의 중보도 그들을 구하지 못할 것이다. 하늘에까지 닿은 그들의 죄악이 심판을 자초했기 때문이다. 온

---

10. "To God Be the Glory."

세상의 심판자께서 반드시 공의를 행할 것이라는 좋은 소식은, 악인들에게는 분명 나쁜 소식이다.

창세기 18장에는 두 부류의 사람들이 나온다. 한편에는 아브라함과 함께한 믿음의 사람들이 있다. 불신마저 참을성 있게 다루시는 하나님으로부터 그들은 은혜로운 약속을 받는다. 다른 한편에는 파멸을 목전에 둔 진노의 자식들이 있다. 아브라함은 악인들의 구원을 위해 중보했다. 그들에게 살아갈 시간을 연장해 달라는 것이 아니었다. 시간은 악을 더할 뿐이다. 그리고 아브라함은 심판자이신 하나님에게 최종 권한이 있음을 인정했다.

소돔을 위한 시간은 끝났다. 우리에게는 아직 시간이 남아 있다. 우리는 가족을 위해, 그리고 친구를 위해 (심판자 하나님의 권세를 인정하면서도 그리스도의 공로에 기대어) 중보할 수 있다. 그리스도의 보혈이 미치지 못할 사람은 아무도 없다. 예수 그리스도가 십자가에서 흘리신 피가 소돔 사람들을 구원하기에 충분했다면, 그 피는 오늘날 그 어떤 악한 사람도 충분히 구원할 수 있다. 이와 같은 사실은 주위의 사람들을 하나님의 은혜의 보좌 앞으로 데려오려는 우리에게 거룩한 겸손과 함께 거룩한 담대함을 불어넣어줄 것이다. 우리 역시 하나님의 벗이라고 불리는 특권을 소유하고 있기 때문이다.

※ **묵상을 위한 질문** ※

1. 하나님이 약속을 재차 확인해 주실 때 사라는 어떻게 반응했는가? 그 이유는 무엇인가?

2. 사라의 의심과 부인으로 인해 하나님의 계획은 어떻게 되었는가? 이 사실은 우리에게 어떻게 위로가 되는가?

3. 창세기 18장 23-25절에서 아브라함이 소돔을 위해 담대하게 중보할 수 있었던 근거는 무엇인가? 하나님이 공의로우신 분이라는 사실은 우리에게 좋은 소식인가, 나쁜 소식인가?

4. 타락한 소돔을 위한 아브라함의 탄원은, 오늘날 우리가 하나님 없이 살아가는 이들을 대하는 데 어떻게 모범이 되는가?

9
심판과 구원의 하나님

꽤 오래전 인기를 모았던 〈에어포트〉라는 재난 영화가 있다. 우리는 이 영화의 전반적인 스토리를 쉽게 예측할 수 있다. 영화는 평온하고 일상적인 장면으로 시작하지만 모두가 예상하듯이 예사롭지 않은 전개로 이어지다가 피할 수 없는 비극으로 끝이 난다. 이와 비슷한 영화로는 그 유명한 〈타이타닉〉이 있다. 영화가 시작할 때부터 관객들은 이 배가 침몰하리라는 것을 알고 있다. 재난 영화는 모두 이런 식이다. 재앙은 피할 수 없다.

마찬가지로 소돔과 고모라는 창세기 13장에 다음과 같은 불길한 말로 처음 소개될 때부터 그 운명이 정해져 있었다. "여호와께서 소돔과 고모라를 멸하시기 전이었으므로"(창 13:10). 몇 구절 뒤에는 그들이 멸망할 수밖에 없는 이유가 언급된다. "소돔 사람은 여호와 앞에 악하며 큰 죄인이었더라"(창 13:13). 재난 영화처럼 처음부터 한 가지 의문만이 남는다. "이 재앙이 언제 그들에게 임할 것인가?" 그리하여 창세기 19장에서 우리는 마침내 비행기가 산으로 추락하고 배가 빙하와 부딪치는 장면을 만나게 된다. 여기가 소돔으로 가는 길의 막다른 지점인 셈이다.

재앙이 시작되면 재난 영화 매니아들이 던지게 되는 또다른 의문이 있다. 재앙에서 살아남는 사람이 있는가 하는 것이다. 재난 영화의 예외 없는 원칙은 생존자가 어떻게든 존재한다는 사실이다. 우리의 관심은 생존자들이 얼마나 될 것이며, 그들이 어떤 식으로 살아남는가 하는 것이다. 창세기 19장에서도 우리의 호기심은 살아남는 사람이 있는지, 그리고 생존자가 있다면 그 방식은 어떤 것인지에 집중된다.

그 어떤 재난 영화보다 소돔의 재앙이 우리의 관심을 끄는 이유는, 소돔이 멸망하게 된 배경의 밑바탕에는 창세기 3장에서 시작된 인류의 총체적인 타락이 깔려 있기 때문이다. 다시 말해, '악하고 여호와 앞에 큰 죄인이었던' 것은 단지 소돔 사람들만이 아니었다. 아담과 하와 이후로 하나님이 창조하신 모든 인류가 그분을 거역했다. 그 결과 모든 사람이 에덴 동산에서 쫓겨나 세상이라는 타이타닉 호에 올라타게 되었다. 이 항해에서 1등석에 탄 사람들은 피상적으로 호화로운 삶을 누릴 것이다. 한편 3등석에 탄 사람들은 근근히 생계를 유지하며 살 것이다. 그러나 어느 편이 되었든지 모든 사람은 심판이라는 빙하와의 충돌을 피할 수 없다. 이 땅의 예정된 멸망에서 살아남는 사람은 과연 누가 될 것인가?

롯의 행로

앞에서 우리는 롯의 '행로'를 추적해 왔다. 그는 부유한 유목민이 되었고 아브라함과 함께 지낼 수 없을 만큼 번성했다. 아브라함과 헤어지면서 롯은 가장 좋아보이는 땅을 선택했다. 하지만 그 땅은 약속의 땅 언저리에 (비록 완전히 벗어나지는 않았지만) 있었다. 게다가 그는 '소돔 가까이에'(창 13:12 - 표준새번역) 살다가 곧 '소돔에'(창 14:12 - 표준새번역) 옮겨 살게 되었다. 소돔 거주민들과 함께 이방 군대에게 잡혀가면서, 그는 아브라함에 의해 구조받아야 하는 처지가 되었다.

  롯은 이 사건에서 교훈을 배우지 못했다. 그는 점점 더 그들과 동화되었고 소돔에서 지도층의 자리에 올랐다. 롯이 앉았던 성문(창 19:1)은 도시의 의사 결정이 이루어지는 장소였다. 그의 딸들 역시 소돔 사람과 결혼하기로 되어 있었으며, 그곳에 집을 소유하고 있었다. 그는 소돔 사람들을 자신의 '형제들'로 여겼다(창 19:7). 그는 명실상부한 유력 인사가 되었지만, 그가 이렇게 성공하게 된 배후에는 어떤 타협이 있었음이 분명하다. 소돔처럼 악이 관영한 곳에서 타협 없이 어떻게 안락하게 살 수 있겠는가?

하지만 비록 타협을 하는 동안에도 믿음의 불씨가 완전히 사라진 것은 아니었다. 신약 성경에서 그는 여전히 '의로운' 사람으로 불리고 있다. 그 이유는 그가 자기 주변의 악에 대해 한탄했기 때문이다. 베드로는 롯에 대해 다음과 같이 묘사한다. "무법한 자의 음란한 행실로 말미암아 고통 당하는 의로운 롯을 건지셨으니 [이는 이 의인이 그들 중에 거하여 날마다 저 불법한 행실을 보고 들음으로 그 의로운 심령이 상함이라]"(벧후 2:7-8).

롯이 자신을 자신이 살고 있는 세상과 전적으로 동일시한 적은 한 번도 없었다. 하지만 그곳을 단호하게 떠나는 일에도 주저했다. 데릭 키드너의 말처럼, 롯은 '순례자의 마음을 잃어버린 의인'이었다.[11] 우리는 어떤가? 많은 이들이 그리스도인으로 불리지만, 정작 세상에서 우리의 몫을 누리고 싶어 한다. 그

---

11. Derek Kidner, *Genesis*, Tyndale Old Testament Commentary(Downers Grove, Ill. : Intervarsity, 1976), 133.

걸 포기하려면 치러야 하는 대가가 너무 크다고 느낀다. 그러니 철저한 포기가 안 된다. 롯이 그랬듯이, 우리는 어쩔 수 없는 상황이라며 타협을 시도하고, 이 땅과 하늘의 이중 시민권을 잃지 않으려고 부질없는 수고를 기울인다.

기대는 통하지 않는다. 예를 들어 천사들을 구하려던 롯의 노력이 그랬다. 롯은 그들에게 자신의 집에 들어와 쉬어 가기를 간청했다. 그의 목소리에는 불안감이 묻어 있었다(창 19:3). 그들이 자신의 청을 거절하고 가버린다면 어떤 일이 벌어질지 롯은 알고 있었기 때문이다. 다시 말해, 소돔 거리는 밤을 지새기에는 안전하지 못했다. 하지만 천사들을 보호하기 위한 롯의 노력은 충분하지 못했다. 노소를 불문한 소돔의 모든 남자들이 그의 집에 찾아와 그들을 자기들에게 넘기라고 요구했다. 롯은 진퇴 양난의 상황에 처했다. 그가 자신의 손님들을 지키려면 그보다 더 소중한 딸들을 넘겨주어야 했다. 오도 가도 못하는 상황에 갇혀버렸다.

우리도 그런 경우를 경험하지 않는가? 우리도 종종 죄와 타협한 결과로 진퇴 양난의 처지에 빠져 있는 자신을 발견한다. 죄는 모든 것을 복잡하게 꼬이게 하고 어찌해볼 도리가 없는 지경에 처하게 만든다. 우리가 스스로에게 "어쩌다 이 지경이 되었지? 여기서 어떻게 빠져나가지?" 하고 물을 때는 이미 늦은 것이다.

도망쳐야 할 때

롯은 해결할 방법이 없었다. 결국 천사들이 개입해 소돔 사람들의 눈을 어둡게 하고 나서야 그 끔찍한 운명에서 벗어날 수 있었다. 소돔의 죄는 극한에 이르렀다. 심판의 때가 이르렀다. 도끼질이 시작됐다. 이전에 롯은 자신이 치러야 할 대가가 너무 커서, 소돔을 떠나기를 머뭇거렸다. 이제는 자신의 목숨을 건지기 위해 어떤 대가를 치르더라도 떠나야만 했다. 떠날 것인가, 망할 것인가? 우리가 세상에서 붙들고 있으려 하는 것도 마찬가지다. 놓치지 않으려고 애쓰는 한 자충수가 될 뿐이다.

롯은 아무것도 가지고 가지 못했다. 가족을 데리고 갈 기회는 주어졌다. 롯은 사위들에게 함께 떠나자고 했다. 하지만 절체절명의 순간에도 그들을 설득할 수가 없었다. 어쩌면 롯은 하나님의 심판에 대해 그들에게 한 번도 말해 본 적이 없었을 것이다. 그러니 이제 와서 이야기한들 그들이 납득하겠는가? 미치광이의 헛소리 정도로 들렸을 것이다. 천사들은 더 늦기 전에 롯이 아내와 두 딸을 데리고 성 밖으로 빠져나가도록 재촉했다. 〈천로역정〉의 첫 장면이 떠오른다. "순례자여, 귀를 막고 도망치라! 온 세상 사람들이 (심지어 그대와 가장 가까운 사람들, 그대가 가장 소중하게 여기는 사람들마저) 그대가 미쳤다고 생각하더라도." 실로 급히 도망치지 않으면 안 되는 순간이었다.

영적인 문제에서 그처럼 급박한 순간을 맞이한 적이 있는가? 그런 상황에 대해 친구나 가족에게 말해본 적이 있는가? 영원과 관련된 문제에서 우리가 진지하게 고민하고 있다는 것을 그들은 알고 있는가? 장차 있을 심판과 예수 그리스도 안에서 주어질 구원이라는 실체에 모든 것을 걸 각오가 되었음을 그들은 알고 있는가? 전적인 헌신이 필요하다. 그저 길을 가는 것으로는 부족하다. 올바른 방향으로 길을 가는 것으로도 부족하다. 〈천로역정〉에서 많은 사람들이 천상의 도성, 곧 천국을 향해 순례자와 함께 기꺼이 여정을 떠난다. 하지만 길이 험해지면서 많은 이들이 떨어져나간다. '유약한 자'는 천국의 기쁨에 관한 순례자의 이야기에 힘을 얻어 멸망의 도성을 간절히 떠나고 싶어했다. 하지만 무시무시한 '낙심의 늪'에 빠진 이후 겁을 먹고 돌아가버린다.

길을 나서는 것으로는 충분하지 않다. 중간은 안 된다. 끝까지 매진해야 한다. 롯의 아내가 주는 교훈도 바로 이것이다. 천사의 경고에도 불구하고 그녀는 뒤를 돌아보았다. 네 사람이 소돔의 멸망에서 살아남았지만, 천사의 경고를 따르지 않은 그중 한 사람은 도시와 함께 파멸을 맞이했다. 그녀에게는 전적인 헌신이 부족했다. 우리의 마음은 어디에 있는가? 우리의 시선은 어디를 향하고 있는가? 장차 올 도성을 바라보고 있는가, 아니면 두고 온 도성을 잊지 못해 돌아보고 있는가?

망설이는 순례자

여기서 한 가지 덧붙여야 할 사실이 있다. 구원해 주는 것은 하나님이시지 헌신 자체가 아니라는 점이다. 롯의 경우를 보자. 유황과 불 심판이 임박한 상황에서도 롯은 망설이는 순례자였다. 그의 구원을 위해 하나님이 지시하신 것조차 제대로 따르지 못했다. 산까지 갈 수 없으니 대신 다른 작은 도성에 들어갈 수 있게 큰 인자를 베풀어달라고 불평했다. 멸망하는 도성의 세상적인 방식에서 완전히 끊어지는 것이 싫었던 것일까? 자신이 감내하고 살아가기 위해 여전히 (비록 작은 것이라고 해도) 세상적인 도성이 필요했던 것일까? 헌신하기는커녕, 악에서 떠나기를 망설이는 롯의 모습에도 불구하고 하나님의 인내와 은혜가 얼마나 크신지 보라! 하나님은 가련하고 타협하기를 즐겨한 롯의 구원을 위해 멸망의 시간표를 늦추셨다. 하나님은 아브라함과 그의 중보 때문에라도 롯이 재앙을 모면할 수 있게 하셨다.

우리는 최소한 롯보다 우리 자신이 낫다고 생각할지 모르겠다. 진지하게 돌아보자. 우리는 타협하는 일에 롯보다 소극적인가? 세상과 세상적인 삶의 방식을 즐기는 일에 롯보다 미온적인가? 설령 그렇다 하더라도, 우리가 구원받은 것은 다른 사람보다 조금 더 지혜롭고 경건해서가 아니다. 하나님이 우리를 평균 이상의 의인이라고 판단하셨기 때문이 아니다. 롯과 마찬가지로 우리는 멸망을 피할 수 없는 존재다. 연약한 우리 대신, 오직 우리를 구원하겠다고 결정하신 하나님의 은혜가 있었을 뿐이다. 우리의 연약함을 아시는 예수 그리스도가 우리를 위해 중보하셨기 때문이다. 주님은 시몬 베드로를 위해 그러셨던 것처럼, 우리의 믿음이 떨어지지 않기를 위해서도 기도하셨다(눅 22:32). 하나님은 예수 그리스도의 중보가 헛되지 않게 하시며, 자기 백성을 구원하시려는 그분의 뜻이 땅에 떨어지는 것을 허락하지 않으신다.

심판은 의인들의 안전이 확보될 때까지 지연된다. 그 후에는 도끼가 내리쳐진다. 안주하고 있을 시간이 없다. 하나님이 오래 참으시는 분이라는 이유로 사람들은 하나님이 심판하지 않으실 것이라고 착각한다. 그렇기에 그분의 심판은 많은 이들에게는 너무도 급작스럽고 단호해 마치 하나님이 자비가 없는 분처럼 느껴질 것이다. 하지만 하나님의 진노는 성질 고약한 사람이 순간적으로 확 타올랐다가 금방 꺼져버리는 진노가 아니다. 하나님의 진노는 모든 사실을 면밀히 검토한 끝에 신중하게, 의도적으로 내려지는 진노다. 마지막으로 호소할 여유조차 없으며 집행 유예도 없을 것이다. 재심을 청구할 상급 재판도 없다. 최종 판결이 내려지기까지 간과된 것은 아무것도 없다. 소돔과 고모라가 그랬듯이, 역사의 종말도 이와 같을 것이다. 예수님도 누가복음 17장에서 그날을 소돔의 멸망에 비유하셨다.

또 롯의 때와 같으리니 사람들이 먹고 마시고 사고 팔고 심고 집을 짓더니 롯이 소돔에서 나가던 날에 하늘로부터 불과 유황이 비오듯 하여 그들을 멸망시켰느니라 인자가 나타나는 날에도 이러하리라 (눅 17:28-30).

그날에 심판은 경건치 못한 자들에게 무자비하게 임할 것이다. 하지만 롯에게 그랬던 것처럼 우리에게는 피난처가 있다. 생명으로 이끄는 좁은 문이 예수 그리스도 안에 열려 있다. 롯은 어떻게 구원받았는가? 그는 자신의 지혜와 의로 구원받지 않았다. 우리 역시 우리의 선이나 지혜로 구원받는 것이 아니며, 믿음으로 우리에게 주어지는 예수 그리스도의 선하심 안에서 피난처를 발견한다. 하나님이 죄를 향해 퍼부으실 최후의 진노로부터 안전한 다른 피난처는 없다.

온 세상의 심판자

다음날 아침 일찍 일어난 아브라함은 앞서 하나님께 중보하던 곳으로 다시 올라간다. 그곳에서 소돔과 고모라와 그 온 지역이 멸망했다는 사실을 발견한다. 아브라함이 왜 그곳으로 돌아갔을까? 하나님의 심판 의지에 일말의 의구심을 가졌을까? 요나 시대에 니느웨가 그랬던 것처럼, 마지막 순간 회개의 기적이 일어났기를 기대해서였을까? 아무리 악하다고 해도 자신이 창조하신 피조물인데, 은혜가 넘치는 하나님이 그토록 비참한 멸망을 당하게 하셨겠는가? 하지만 멀리서 치솟는 연기를 보는 순간 아브라함에게 모든 것이 명백해졌다. 사실 그는 이미 답을 알고 있었다. 이전에 그는 이런 고백을 했었다. "세상을 심판하시는 이가 정의를 행하실 것이 아니니이까"(창 18:25).

그런데 이렇게 진노하시고 심판하시는 하나님은 구약의 하나님에 불과한 건 아닌가? 당시 사람들이 하나님을 그런 식으로 인식했다고 해도, 신약 성경은 하나님을 다르게 묘사하고 있지 않은가? 결코 그렇지 않다! 앞에서 우리는 예수님이 누가복음 17장에서 세상의 종말을 소돔의 운명에 비유하셨음을 언급했다. 신약 성경에서도 (구약에서와 마찬가지로) 하나님은 의로우시고 동시에 은혜로운 분으로 묘사되고 있다.

하나님의 이 두 가지 속성이 어떻게 양립할 수 있는가? 그 답은 십자가에서 찾을 수 있다. 십자가에서 하나님의 진노와 공의가 만족되었다. 자기 백성의 죄를 대신해 무고한 하나님의 아들이 죽으심으로 죄가 심판받았다. 그러나 동시에 하나님의 은혜도 드러났다. 회개하고 믿음으로 예수 그리스도에게 나아오는 모든 사람은 하나님의 자비를 값없이 받을 수 있게 되었기 때문이다. 십자가에서 바로 그 일이 이루어졌다. 십자가에서 하나님의 완전한 공의와 완전한 은혜가 교차했다. 19세기 설교자 윌리엄 리스는 이 사실을 간파하고 있다.

> 예수님이 못박히신 십자가에서
> 깊고 풍성한 샘이 열렸네.
> 하나님의 은혜의 수문을 통해
> 은혜의 강이 흐르네.
> 도도한 강물 같은 은혜와 사랑은
> 위로부터 끊임없이 쏟아지네.
> 하늘의 평화와 완전한 정의가
> 죄악된 세상을 사랑으로 입맞추네.[12]

뿐만 아니라 그리스도에게 집행된 심판으로 인해, 하나님이 다른 방법으로도 죄를 용서하실 수 있다는 어떤 생각도 불가능해졌다. 만일 우리에게 구원이 임하는 다른 길이 있었다면, 십자가는 말 그대로 어리석은 것에 지나지 않을 것이다.

브레이크가 파열된 트럭 한 대가 당신에게 돌진하는 위험한 순간을 내가 보았다고 해보자. 당신을 사랑하는 내가 몸을 던져 당신의 생명을 구한다면 당연히 고맙고 감사한 일일 것이다. 하지만 당신이 아무 위험에 처하지 않았는데 단지 내가 당신을

---

12. "Here Is Love."

사랑한다는 것을 보여주려고 트럭 밑으로 몸을 던진다면 그처럼 바보 같은 일이 또 있겠는가? 나의 행동은 사랑의 표시라기보다 심각한 정신 질환의 증세로 받아들여질 것이다. 생명을 구할 수 있는 다른 방도가 없는 순간에만 희생적인 죽음은 숭고한 것이 된다. 그렇지 않다면 어리석은 행동이며 감상적인 충동에 불과한 것이다.

마찬가지로 십자가의 죽음이 아니어도 세상을 구할 수 있는 다른 방도가 있었다면, 예수님의 죽음은 불필요하고 어리석은 선택으로 남았을 것이다. 대안이 있음에도 불구하고, 예수님이 겟세마네 동산에서 고뇌에 빠져 "만일 할 만하시거든 이 잔을 내게서 지나가게 하옵소서"(마 26:39)라고 말했다면, 웃음거리가 되었을 것이다. 하지만 그 잔을 지나가게 할 수는 없었다. 다른 길은 없었기 때문이다.

롯의 변화?

심판과 구원을 동시에 경험한 롯에게 변화가 찾아왔는가? 그런 것 같지는 않다. 롯과 그의 딸들을 소돔에서 데리고 나올 수는 있었지만, 그들에게서 소돔을 끄집어내는 것은 훨씬 더 어려웠다. 홀로 자기 딸들과 살게 된 그가 의로운 삶을 새롭게 살기란 거의 불가능했다. 유혹은 안에서 시작되었다. 딸들의 생물학적 시계가 돌아가고, 딸들은 아이를 갖고 싶어졌다. 거기까지는 잘못된 것이 아니다.

하지만 창세기 16장에서 아브라함과 사라가 그랬듯이, 딸들은 하나님께 자신의 미래를 맡기기를 주저했다. 하나님의 섭리에 순종하는 것보다는 다른 것이 더 긴급했다. 혈통을 이를 자녀 말이다. 그리고 이 목적 달성을 위해 어떤 것도 마다하지 않으려고 했다.

우리는 이 사람들과는 전혀 다르다고 생각하고 있지 않은가? 하나님께 이렇게 말한 적은 없는가? "내 인생이 의미가 있으려면, 남편(또는 아내)이 있어야만 합니다" "자녀가 있어야만 합니다" "이런 직업을 가져야만 합니다" "건강이 회복되어야만 합니다." 만일 우리의 인생에서 하나님과 상관 없이 꼭 가져야만 하는 무언가가 있다면 그것이 우리의 우상이다. 그것이 우리를 압박하고 들어와, 그것을 섬기는 것과 하나님을 섬기는 것 사이에서 양자 택일을 해야 하는 상황에 맞닥뜨리게 되면, 비로소 우리가 무엇에게 진정한 헌신을 하고 있는지 드러나게 될 것이다.

롯이 하나님과 상관없이 얻고 싶었던 우상은 재물과 안락함이었다. 그래서 약속의 땅보다 번영과 안락함을 선택했다. 그런 선택에도 불구하고 롯은 번영도 안락함도 누리지 못했다. 롯의 이야기는 자기 몸 하나 주체하지 못한 채 굴에서 기거하는 장면으로 끝이 난다.

반면 롯의 딸들은 자신들이 추구한 것, 즉 혈통을 이를 자녀를 얻었다. 딸들이 자신들이 섬기던 우상을 만족시켰을 수는 있으나, 그렇다고 아버지보다 나은 삶이라고 말할 수 있을까? 결국 그 후손들은 언약 공동체의 바깥, 하나님의 약속 밖에 머물게 되었다. 롯과 그의 딸들과는 대조적으로 아브라함은 하나님만을 선택하고, 하나님의 약속을 신뢰했다. 그리하여 아브라함은 그가 간구한 것 이상을 얻었다. 물론 그의 생전에 하나님의 모든 약속이 성취되는 것을 보지는 못했지만, 그는 이 세상에 구원을 가져다줄 자손을 얻었다.

놀랍고도 비극적인 사실은 롯과 그의 딸들 모두가 아브라함에게 돌아가지 않았다는 것이다. 롯이 누리던 풍요로움 이면에 도사리고 있던 문제를 하나님이 해결해 주려고 하셨다. 탕자처럼 롯 역시 본향으로 돌아갈 길을 찾지 못하고 있었기 때문이다. 그래서 천사들은 롯에게 평원을 떠나 산으로 가라고 했다. 그곳은 소돔과 고모라에 하나님의 심판이 임하는 것을 아브라함이 내려다보던 곳이었다.

하지만 롯은 소알에 있는 자기 집을 뒤로 하고 평원을 떠나 산으로 향했으면서도, 최종적으로 복의 근원이 되는 아브라함을 찾아가지 않았다. 자신의 우상으로부터 누릴 수 있는 만족을 모두 박탈당하고 나서도 그는 참회하는 마음으로 하나님께 돌아가는 것을 기피했다. 비참함과 타락 속에서 그는 삶을 마감했다.

우리는 이들 가운데 누구와 비슷한가? 하나님의 심판의 시한 폭탄이 째깍거리는 소리를 듣지 못한 채 죄악 속에 안주해 있는 소돔과 고모라 사람들과 같지는 않은가? 롯의 아내처럼 끝내 하나님을 위해 세상을 포기하지 못하는 사람인가? 아니면 하나님을 믿긴 하지만 하나님보다 더 원하는 무언가를 위해 타협하다가 가까스로 구원을 얻는 롯과 같은 사람인가? 그렇지 않으면 아브라함처럼 이 시련 많은 세상에서 하나님의 약속을 붙잡으며, 하나님의 구원을 고대하고 장차 임할 새 예루살렘을 바라보는 사람인가?

※ 묵상을 위한 질문 ※

1. 소돔과 고모라의 멸망은 죄를 상대하시는 하나님에 대해 어떤 사실을 알려주는가? 하나님은 오늘날에도 죄를 벌하시는가? 어떤 식으로 그렇게 하시겠는가?

2. 아브라함을 떠난 후 롯의 거처는 어떻게 바뀌었는가?

3. 죄악과 부패함이 가득한 소돔에서 살기로 선택한 롯은 끔찍한 난관에 봉착했다. 손님을 보호할 것인가, 가족을 보호할 것인가? 자신뿐 아니라 다른 사람들이 저지른 죄의 결과는 어떻게 우리 삶을 비참하게 만들며, 어떻게 타협하지 않을 수 없는 상황에 빠뜨리는가?

4. 롯은 왜 그토록 소돔을 떠나는 것을 주저했는가? 결국 롯이 소돔을 떠나도록 천사들이 취한 조치는 무엇인가?

5. 하나님은 롯에게 행하신 것 이상으로 우리에게도 죄악된 삶에서 떠나라고 권고하신다. 우리의 의지와 상반되는 그와 같은 하나님의 은혜의 권고를 들은 적이 있는가?

6. 롯의 아내처럼 마땅히, 그리고 속히 떠나야 할 곳에 미련을 버리지 못한 채 이전의 죄악된 삶을 돌아본 적이 있는가? 이런 태도는 하나님과 우리의 관계에 어떤 영향을 미치는가?

10
마음의 우상, 의심의 죄

말에게 장애물 뛰어넘는 훈련을 시키다보면 가끔 거부할 때가 있다. 말은 두 귀를 젖히고 코는 바닥으로 떨군 채, 발굽으로 땅을 파면서 뛰어넘기를 주저한다. 이런 경우에는 어떻게 해야 하는가? 잠시 말을 걷게 하면서 진정시킨 다음, 같은 장애물로 다시 데리고 가야 한다. 말이 장애물을 뛰어넘을 때까지 몇 번이고 이 일을 반복해야 한다. 아브라함은 하나님이 신뢰할 수 있는 분이며 우리를 돌보신다는 사실을 배워야 했다. 누구보다 잘 배워야 했던 이유는, 믿음의 시험이 다가올 것이기 때문이다. 하나님은 아브라함이 장애물을 훌쩍 뛰어넘을 수 있을 때까지 같은 장애물로 데리고 가고, 다시 데리고 가실 것이다.

하나님이 하실 수 있는가?

창세기 20장에서 우리는 하나님이 아브라함을 그런 장애물 앞으로 다시금 데려가시는 장면을 보게 된다. 이전에 그의 믿음을 시험했던 장애물이다. 이는 창세기 12장의 내용과 매우 유사하다. 약속의 땅에 기근이 들었고 아브라함은 애굽에 들어가는 선택을 내렸다. 애굽에 도착하자마자 아브라함은 바로 왕에게 사라를 빼앗기고 목숨을 잃을까 봐 두려워했고, 이 두려움은 그가 실패를 경험하는 원인이 되었다. 그는 사라에게 자신의 아내가 아니라 누이라고 말하게 했고, 하마터면 사라는 이방인 왕의 후궁이 될 뻔했다.

그 모든 사건이 창세기 20장에서 되풀이되기 시작했다. 아브라함은 같은 덫에 다시금 걸리고 말았다. (아브라함이 하갈을 통해 아들을 얻고 싶은 유혹에 굴복했던) 창세기 16장에서 드러난 문제가 다시금 드러난 것이기도 하다. 지금 우리도 겪고 있는 매우 익숙한 문제다. 아브라함과 마찬가지로 우리도 이런 고민 끝에 잘못된 선택을 내리곤 하기 때문이다. 즉, "하나님은 우리의 도움 없이도 자신의 약속을 지키실 수 있는가" 하는 의문이다.

창세기 20장 1절에 따르면, 아브라함은 믿음의 타협 끝에 소돔 거주민들과 함께 살며 안주했던 롯과는 달랐다. 아브라함은 약속의 땅에서 여전히 나그네로 살아갔다. 그는 이 세상이 자신의 본향이 아니라는 사실을 잊지 않았다. 지금까지는 괜찮았다. 하지만 아브라함이라고 해서 위험이 면제된 삶을 살아간다는 보장은 없었다. 부족이나 군주의 보호막 없이 이곳저곳을 옮겨다녀야 하는 그에게 죽음의 위협은 상존했다. 이런 위협은 특히 그가 새로운 지역으로 옮겨갔을 때 심했다.

창세기 20장 1절에서, 아브라함이 전보다 더 남서쪽으로 이동해 네게브 지역으로 갔다는 사실은 의미 심장하다. 그는 약속의 땅 변방을 옮겨다니고 있었는데, 그곳은 늘 그렇듯이 이스라엘 족장들에게 위험 지역이었다.

새로운 지역에 자리를 잡는 일은 언제나 불확실성이 높아지는 시점이다. 많은 경우 유혹에 노출된다. 익숙한 곳을 떠나 새로운 환경에 들어갔을 때, 우리는 모든 문제를 이전 방식으로 풀려는 경향이 있다. 대부분의 경우 그런 접근법은 잘못될 가능성이 높다. 이번에도 아브라함은 누군가 자신을 죽이고 아내 사라와 결혼할지도 모른다는 두려움에 사로잡혔다. 그가 처한 환경을 고려하면, 터무니없는 우려만은 아니었다. 권력자가 힘없는 이들을 착취하는 것은 드문 일이 아니었다. 하지만 그런 두려움에서 벗어나기 위해 아브라함은 거짓말을 하기로 마음 먹었다. 13절에서 분명히 알 수 있듯이, 이것은 강압적인 상황에서 어쩔 수 없이 저지른 실수가 아니었다. 계산에서 나온 전술이었다. 아브라함은 사라에게 "우리의 가는 곳마다 그대는 나를 그대의 오라비라 하라"고 일렀다.

아브라함은 그보다 더 나은 방도를 찾아야 했다. 그는 하나님의 약속을 소유한 사람이었다. 그러니 믿음으로 살아야 했다. 어떤 경우에도 그는 "하나님이 말씀하셨고 나는 그것을 믿는다. 그러므로 믿음이 해결할 것이다"는 태도를 취해야 했다. 약속과 현실 사이의 괴리 속에서 살아가는 그리스도인 대부분이 직면하는 문제도 이와 다르지 않다.

사실 우리의 문제는 하나님의 주권이나 돌보심, 또한 하나님과의 동행 같은 신학적 질문보다는, 하나님의 약속을 우리 삶에 구체적으로 적용하는 일에 어려움을 겪는다는 데 있다. 하나님은 우리에게 여러 약속을 베푸셨고, 우리는 그것을 증거하는 성경 본문을 암기하고 있다. 주일이면 사람들 앞에서 열변을 토하며 그런 약속에 대한 우리의 믿음을 드러내려 애쓴다. 하지만 월요일 아침만 되면 여름날의 뙤약볕 아래 아이스크림처럼 모든 것이 녹아내린다. 말씀에 순종하기가 어려워지고 하나님께 신실하기 위해 치러야 하는 대가가 너무 크게 다가온다. 단단히 외워 놓았던 성경의 구절들은 어느새 증발해 버린 채 우리의 머리속은 텅 비어버린다.

신학생 시절 나는 정비보수 임시직으로 일한 적이 있다. 주말 동안 작업장 쓰레기를 깨끗이 치우라는 지시를 받고 온갖 쓰레기를 모아 버리면서 연장 서랍장 뒤에서 발견한 포르노 잡지도 함께 버렸다. 내 생각에 그런 건 당연히 쓰레기였으므로 처리하는 게 당연했다. 월요일 아침 나는 책임자에게 불려가 하마터면 일자리를 잃을 뻔했다. 쓸데없는 일을 벌였다는 것이다. 게다가 동료들까지 핀잔을 주었다. 정말 나의 행동이 잘못이었을까? 한순간 나의 기준이 흔들렸다. 물론 포르노에 대한 나의 입장이 달라진 것은 아니지만, 누군가로부터 압력을 받게 된다면 다음에 또 이런 상황에 부딪히더라도 여전히 단호한 입장을 취할 수 있을지 염려가 되었다.

이런 경험을 해본 적은 없는가? 이와 같은 상황에서 유혹이란 무엇인가? 그것은 하나님을 신뢰하는 대신 우리 스스로의 힘으로 해결해 보려는 시도다. 하나님의 노력에 우리 자신의 노력을 조금 더 보태고, 하나님을 전적으로 신뢰하는 대신 우리의 해결책을 추가하기란 그리 어렵지 않다. 그리고 이렇게 말하면 된다. "내가 조금만 굽히면 되지 뭐. 상황에 맞게 내가 양보하면 큰 문제는 없을 거야." 그것이 아브라함이 종종 사용한 방식이었다. 그는 하나님을 전적으로 신뢰하는 대신 자신이 고안한 방식을 나름의 노력으로 접목해 시도하려 했다.

어떤 영향을 미칠 것인가?

여기서 주목해야 할 사실이 하나 더 있다. 창세기 16장에서 아브라함이 시험을 받고 넘어진 계기가 사라였는데, 20장에서는 그 반대였다는 점이다. 시험은 우리가 사랑하고 신뢰하는 이들을 통해 오기도 한다는 사실을 다시 한번 보게 된다. 아브라함은 사라에게 자신의 계획을 강요하다시피 했다. 그는 이렇게 말했다. "이것이 나를 사랑하는 길이오"(13절 - 현대인의성경). 이것은 거절하기 어려운 요구였다.

우리는 사람들에게 많은 영향을 미치며 살아간다. 때로는 좋은 쪽으로, 때로는 나쁜 쪽으로 말이다. 우리는 사람들이 믿음으로 살도록 도울 수도 있고 반대로 어렵게 만들 수도 있다. 그들에게 소망과 믿음을 더할 수도 있고 불신을 키울 수도 있다. 우리는 어느 편에 가까운가? 가정에서 우리는 가족을 하나님께로 이끄는 사람인가? 친구들에게 긍정적인 영향을 주는 사람인가, 아니면 그저 골칫덩이인가? 교회에서 우리는 영적 리더인가, 아니면 연자 맷돌 같은 사람인가? 친구, 배우자, 부모 및 교회 구성원으로서 우리라는 존재가 사람들을 하나님께로 이끌고 있는지 혹은 멀어지게 하는지 돌아보아야 한다.

불신자들에게 우리는 어떤 사람인가? 아브라함도 주변 사람들에게 영향력을 미칠 기회가 많았을 것이다. 사람들에게 복의 통로가 되는 것이 하나님이 그에게 주신 소명이었다(창 12:3). 하지만 아브라함은 복의 통로가 되는 대신 부정적인 영향력을 종종 미치고 지나치게 자기 방어적인 태도를 드러내곤 했다.

그는 이렇게도 말했다. "이 곳에서는 하나님을 두려워함이 없으니 내 아내로 말미암아 사람들이 나를 죽일까 생각하였음이요"(11절). 아브라함은 다르게 말했어야 했다. "하나님이 사라를 통해 아들을 주겠다고 약속하셨다. 이 사람들이 아무리 악하더라도 하나님은 나를 지켜주실 것이다. 설령 그렇지 않더라도 순종보다 더 중요한 일이 있겠는가?" 다시 말해, 그는 하나님의 약속과 하나님의 권세를 기억할 뿐 아니라 하나님께 대한 자신의 헌신을 다짐했어야 했다.

창세기 19장에서 롯의 딸들도 유혹에 빠져 "자신들에게 무엇무엇이 없다면 하나님만으론 만족할 수 없다"고 여겼다. 그리고 이렇게 말했다. "우리의 삶이 의미가 있으려면 자녀가 있어야 해. 하지만 정상적인 방법으로는 아이를 가질 수 없어. 그러니 아버지와 동침을 해야만 해." 롯의 딸들은 자녀를 얻을 것인지 아니면 하나님에게 순종하며 살 것인지 선택해야 했고, 자녀를 선택했다. 창세기 20장에서 아브라함은 순종보다 자신의 안전을 더 중요하게 여겼다. 둘 다 가질 수 없다면 안전을 택하겠다는 것이었다. 자신의 목숨을 보전하는 것이 아브라함에게 우상이 되었다. 롯의 딸들에게 자녀를 갖는 것이 그들의 우상이었던 것처럼 말이다.

우리도 이와 비슷한 우상을 섬기고 있지 않은가? 혹시 통제력인가? 그래서 이렇게 말하고 있지는 않은가? "하나님, 당신을 신뢰합니다만, 세상 일이 어떻게 흘러갈지 하나하나 알아야겠습니다." 혹시 안락함을 우상으로 섬기고 있지 않은가? 그래서 이렇게 말하고 있지는 않은가? "주님, 당신이 가라고 하시는 데는 어디든지 가겠습니다. 하지만 이 멋진 집과 다복한 삶에서 떠나라고는 말씀하지 마십시오." 어떤 사람에게 우상은 다른 사람들의 시선일 수도 있다. "하나님, 당신을 증거하고 싶습니다. 다만 사람들이 비웃지 않게 해주십시오." 하나님께 순종하는 일보다 더 중요한 게 있는 한 우리 마음 중심에는 하나님 대신 우상이 모셔져 있는 것이다.

견고히 서라

다니엘의 세 친구인 사드락, 메삭, 아벳느고의 모습은 이와는 대조적이다. 바벨론에서 유배 생활을 하던 그들은 느부갓네살 왕의 황금 신상에 절하지 않을 경우 풀무불에 던져져 죽음을 당할 처지였다(단 3장). 다른 사람들처럼 그들도 타협을 시도할 수 있었다. 하지만 고개를 숙이지 않았다. 느부갓네살 왕에게

전한 그들의 답변은 의미심장하다.

> 왕이여 우리가 섬기는 하나님이 계시다면 우리를 맹렬히 타는 풀무불 가운데에서 능히 건져내시겠고 왕의 손에서도 건져내시리이다 그렇게 하지 아니하실지라도 왕이여 우리가 왕의 신들을 섬기지도 아니하고 왕이 세우신 금 신상에게 절하지도 아니할 줄을 아옵소서 (단 3:17-18).

이 세 사람은 하나님의 구원하시는 권능을 가장 먼저 기억했다. 하나님은 굶주린 사자의 입을 다물게 하시고, 타오르는 불을 끄실 수 있는 분이다. 그러나 하나님이 그렇게 하지 않으신다 하더라도, 그들은 하나님께 등을 돌리느니 죽음을 택할 것이다. 그들에게 하나님께 순종하는 것보다 더 중요한 건 없었다. 하지만 하나님의 뜻에 대한 그들의 신실함은 예수님이 보여주신 모범에 비하면 빛이 바랠 정도다. 겟세마네 동산에서 예수님은 이렇게 기도하셨다. "내 아버지여 만일 할 만하시거든 이 잔을 내게서 지나가게 하옵소서 그러나 나의 원대로 마시옵고 아버지의 원대로 하옵소서 하시고" (마 26:39).

예수님에게는 탈출구가 있었고, 우리를 위해 고난을 받으실 필요가 없었다. 하지만 그분이 고난을 받고 죽지 않으셨다면, 우리에게 구원은 없었을 것이다. 자기 백성을 구원하시려는 하나님의 계획의 성공 여부는 전적으로 예수님에게 달려 있었다. 그렇기 때문에 예수님은 하나님의 뜻에 복종하는 길을 선택하셨다. 그것이 지금껏 인간이 고안해낸 가장 참혹한 형태의 죽음일지라도 말이다. 하나님의 구원 계획을 향한 그분의 충성심은 너무 강했고, 예수님은 그 계획 실현을 위해 우리가 마땅히 받아야 할 지옥의 고통을 기꺼이 감당하셨다.

하나님은 선하신가?

아브라함은 자신을 보호하실 수 있는 하나님의 능력을 의심했을 뿐 아니라, 하나님의 선하심에 의문을 갖기 시작했다. "하나님이 나를 내 아버지의 집을 떠나 두루 다니게 하실 때에"(창 20:13). 아브라함은 약속의 땅으로 가라는 하나님의 부르심을 마치 목적지 없는 유랑 생활인 것처럼 말하고 있다. 그는 아비멜렉에게 지난 25년 동안 하나님이 그에게 보여주셨던 신실하심을 증거하는 대신, 마치 이교도처럼 말하고 있다. 또 그는 자신의 실패에도 불구하고 하나님이 그에게 보여주셨던 선하심에 대해 말하는 대신, 마치 자신의 미래가 불확실한 운명에 달려 있는 듯 말하고 있다. 그의 마음속에서 하나님이 정말로 선하신지 의혹을 품고 있는 듯 보인다.

이 같은 아브라함의 심정을 전혀 이해하지 못하는 것도 아니다. 종종 그는 자신이 어디를 향해 가고 있는지 상념에 잠겼을 잠겼을 것이다. 약속과 현실 사이의 괴리 속에서 살아가고 있는 우리에게도 삶은 종종 그렇게 느껴질 수 있다. 하지만 이것은 제발 하나님께 순종하지 말라고 우리를 재촉하는 사탄의 주된 전략이 아닌가? 창세기 3장에서 사탄은 이 전략을 하와에게 성공적으로 써먹었다. 하지만 하나님께 받은 모든 물질적인 복을 빼앗아버리면 하나님을 저주할 거라고 보았던 욥에게는 이 전략이 실패로 돌아갔다.

하나님께 불순종하게 되는 주된 원인이, 하나님의 선하심에 대한 의심 때문이라고 말한다면 과장된 것인가? 예컨대 탐심마저도 하나님의 선하심에 대한 의심에서 온다고 할 수 있다. 우리는 "하나님이 나를 사랑하신다면 내가 원하는 것을 주셔야 하지 않을까"라고 묻는다. 우리가 거짓말하고 훔치고 음란을 일삼는 배경에도 이런 의심이 있다. 그런 일을 저지르면서 우리는 속으로 이렇게 말한다. "하나님께 순종해서는 내가 원하는 것을 얻지 못할 거야. 내겐 그것이 필요한데 하나님은 주시지 않을 거야. 그러니 스스로 얻으려 하는 거야."

우리가 저지르는 대부분의 죄악은 본질적으로 우리를 향한 하나님의 선하심에 대한 의심에서 비롯된다. 그렇기 때문에 우리가 실패할 때마다 더 노력하고 자신을 채찍질한다고 하더라도 우리의 행동 양식에 변화를 주지는 못한다. 그것이 문제의 근원적인 해결책이 아니며, 죄의 배후에 숨어 있는 핵심을 처리하지 못하기 때문이다. 우리의 삶이 바리새인같이 되면 될수록, 우리에게는 하나님이 선하시지 않다는 의구심만 깊어질 뿐이다. '하나님이 우리에게 최선의 것을 기대하시면서, 어떻게 우리에게 이 모든 규율과 굴레를 지우실 수 있는가?' 하는 식의 물음이 나오는 것이다.

죄의 진정한 해결책은 복음이다. 이것은 분명한 사실이다. 우리는 십자가의 예수님을 바라보면서 거기서 이루어진 '위대한 거래'에 시선을 맞추어야 한다. 나의 모든 죄가 그분에게 옮겨졌다. 그리고 그분의 완전한 의가 나에게 전가되었다. 이 진리를 제대로 깨닫는다면 어떻게 하나님의 선하심을 의심할 수 있겠는가? 이 위대한 진리가 우리 마음을 비출 때 비로소 기쁨으로 가득 찬 순종의 길이 시작되는 것이다. "자기 아들을 아끼지 아니하시고 우리 모든 사람을 위하여 내주신 이가 어찌 그 아들과 함께 모든 것을 우리에게 주시지 아니하겠느냐"(롬 8:32).

하나님이 무한히 선하신 분임을 (머리로가 아니라 가슴 깊이) 알게 될 때, 나를 그처럼 사랑하신 하나님께 순종하고픈 열망이 내 안에 가득하게 될 것이다. 나를 소중히 여기시는 하나님을 기쁘시게 하는 것보다 더 소중한 일은 없을 것이다. 나는 종종 하나님의 부르심에 합당한 삶을 살지 못할 것이다. 하지만 나를 향한 하나님의 선하심을 기억하는 한, 하나님을 영화롭게 하고 기꺼이 순종하려는 열망과 기쁨은 언제나 나를 지배할 것이다.

아브라함을 향한 하나님의 은혜

아브라함을 향한 하나님의 은혜는 변함이 없으셨다. 하나님은 아브라함이 실패했다고 회초리를 들지 않으셨다. "이제 알겠다. 내 약속을 대신 이룰 다른 사람을 찾아야겠구나. 네게 기회를 주었지만 전혀 소용이 없구나"라고 말씀하지도 않으셨다. 물론 하나님은 아브라함의 죄를 지적하셨다. 그러나 여전히 자애로우셨다. 하나님은 아브라함이 자신에게 어떤 잘못을 했는지, 아비멜렉에게는 어떤 잘못을 했는지 일러주셨다. 처음부터 아브라함은 잘못 생각하고 있었다. "이 곳에서는 하나님을 두려워함이 없으니"(창 20:11). 그렇지 않다. 이방인 아비멜렉은 하나님을 두려워하는 사람이었다. 하나님이 그의 꿈에 나타나 사라가 아브라함의 아내라는 사실을 알려주셨을 때 그는 즉시 모든 것을 바로잡았다. 뿐만 아니라 아브라함을 불러 자신의 행동에 대해 해명까지 했다. 이 얼마나 겸손한 태도인가!

하나님은 아브라함의 실패조차도 선하게 사용하셨다. 복음을 전할 기회를 단번에 날려버린 경험이 있는 사람이라면 이 사실이 큰 위로가 된다. 하나님은 능력이 부족한 선교사라도 선하게 사용하실 수 있다. 아브라함이 무책임한 행동으로 아비멜렉으로 하여금 중대한 잘못을 범하게 할 뻔했지만, 하나님은 그 모든 상황을 통제하고 계셨다. 하나님은 아비멜렉이 사라에게 손을 대지 못하게 하심으로 두 사람 모두의 순결을 지켜주셨다(창 20:6). 아비멜렉을 대면하고 난 뒤에야 비로소 아브라함은 모든 민족에게 복의 통로가 되는 자기 본연의 모습으로 돌아왔다(17절). 아비멜렉은 아브라함에게 베푼 호의에 대한 보상으로 하나님에게서 (그와 그의 아내와 여종이) 치료의 은총을 받았다. 사라도 남편 아브라함에게 무사히 돌아오고, 아브라함은 이전에 자신이 누리던 것보다 훨씬 많은 부를 누리게 되었다.

여기서 주목할 만한 내용이 나온다. 아브라함이 하나님께 단 한번 기도했을 뿐인데, 하나님은 아비멜렉과 그의 아내와 여종을 치료하사 출산하게 하셨다. 반면에 정작 아브라함과 사라는 수년 동안 자식을 달라고 기도했음에도 아직 얻지 못하고 있었다. 아비멜렉의 가정에 다산의 축복이 주어지는 것을 본 그들의 심경은 어땠겠는가? 한편으로 그런 기적을 목격하는 것이 그들에게 얼마나 큰 격려가 되었겠는가? 다른 사람의 태를 열어주신 하나님이 사라의 태도 열어주실 수 있으니 말이다.

죄인들을 향한 하나님의 사랑

하나님이 우리의 죄악까지도 선하게 사용하실 수 있다는 사실에서, 우리는 하나님의 성품을 새롭게 배우게 된다. 하나님이 우리를 사랑하시는 까닭은 우리가 하나님을 위해 무언가 위대한 일을 행할 수 있어서가 아니라는 것이다. 우리가 잘 부르지 않는 어린이 찬송가에 이런 가사가 있는데, 이 찬송은 하나님의 사랑이 지니는 이 같은 측면을 정확히 간파하고 있다.

> 예수님은 내가 착할 때 나를 사랑하세요
> 내가 해야 할 일을 할 때 나를 사랑하세요
> 예수님은 내가 못되게 굴어도 나를 사랑하세요
> 예수님의 마음은 슬프지만 나를 사랑하세요

종종 우리는 우리가 위대한 업적을 남겨야만 하나님이 우리를 사랑하신다고 생각한다. 우리가 복음을 들고 선교지로 나가 회개의 역사를 이루고 복음을 전파하여 땅끝에 교회를 세워야 하는 것은 틀림이 없다. 그렇게 하진 못하더라도 친구와 이웃을 주님에게로 인도해야 한다. 하지만 우리는 하나님이 우리를 칭찬하시는 근거를, 우리가 이룩한 업적에서 찾는다. 성경은 다르게 말한다. 성경은 우리 안에서 일하시는 하나님의 창조 역사에 집중할 것을 강조한다. 하나님은 우리 안에서 겸손, 온유, 인내, 사랑 등으로 대표되는 새로운 마음을 빚으신다.

이러한 사실만이 하나님의 뜻이 (우리가 최악의 상황에 빠져 있을 때뿐 아니라 최상의 삶을 누리고 있을 때도) 우리 인생의 각본과 어긋나는 것처럼 보이는 이유를 설명해 줄 수 있다. 우리가 은행을 털러 나갈 때만 차에 시동이 걸리지 않는 것이 아니다. 일상적인 일을 하러 갈 때도 그런 일이 일어날 수 있다. 심지어 하나님을 위해 무언가 선한 일을 하려 할 때도 그럴 수 있다. 벼르고 벼르다가 마침내 용기를 내어 친구에게 복음을 전하려고 나서는데 자동차의 시동이 걸리지 않는다. 그 기회는 놓쳤을지도 모른다. 하지만 그런 일이 있었다고 해서 친구에게 복음을 전하려던 것이 잘못이었음을 뜻하는 것은 아니다. 비슷한 예로, 준비하고 있던 설교 원고가 컴퓨터에서 날아가버렸다고 해서 그 내용이 반드시 잘못되었다는 증거는 될 수 없다. 주님을 위해 봉사하는 데 일이 잘 풀리지 않는 경우는 종종 있다.

게다가 때로는 결코 하찮게만 여길 수 없는 일도 일어난다. 헌신적인 선교사로 외국에 나간 사람들이 납치되거나 살해되는 경우처럼 말이다. 어떻게 하나님이 그런 일이 일어나도록 내버려두신단 말인가? 하나님이 주무시고 계신가? 결코 그렇지 않다. 그분은 우리와는 다른 계획표를 가지고 계신다. 우리는 그분을 위해 이 세상에서 위대한 일을 하고 싶어한다. 하지만 하나님의 계획은 우리가 세상에서 위대한 업적을 이루지 못하더라도 우리 마음속에 위대한 일을 행하시는 것일 수 있다.

하나님이 그렇게 일하시는 방법 가운데 하나는 우리에게, 그리고 다른 사람에게 우리의 죄를 드러내시는 것이다. 그런 일이 일어나게 되면 우리는 당혹감뿐 아니라 심지어는 굴욕감마저 느낄 것이다. 이것은 특히 우리가 영적 리더의 자리에 있을 때 더욱 그렇다.

하지만 그런 방법으로 하나님은 우리에게 공개적으로 회개할 기회를 주시면서, 복음만이 우리 같은 죄인에게 소망이 될 수 있다는 진리를 증거하신다. 예수님은 우리가 착할 때뿐 아니라 못되게 굴 때도 우리를 사랑하신다. 그리고 우리가 공개적으로 죄를 고백할 때, 그것은 그 같은 놀라운 사실을 증거할 수 있는 훌륭한 기회가 된다.

※ **묵상을 위한 질문** ※

1. 아브라함이 사라에게 자신의 아내가 아니라 누이라고 말하게 만든 두려움은 무엇이었는가? 그런 두려움이 근거가 없는 이유는 무엇인가?

2. 아브라함의 죄는 사라에게 어떤 영향을 미쳤는가? 또 아비멜렉과 그의 가족에게는 어떤 영향을 미쳤는가?

3. 창세기 12장에서 아브라함이 저지른 잘못에 비해 이번 잘못이 더욱 심각한 이유는 무엇인가?

4. 어떤 죄가 당신에게 반복적으로 문제를 일으키는가? 그 문제와 관련해 하나님은 당신에게 무엇이라고 말씀하고 계신가?

5. (아비멜렉처럼) 기대하지 않던 사람에게서 뜻밖의 경건함을 목격한 경우가 있는가? 그때의 경험담을 나누어보라.

5. (아브라함처럼) 자꾸만 넘어지고 실패하는 우리를 향해 하나님은 무슨 말씀을 하고 계시는가?

11
약속을 이루심

멜빵과 허리띠를 동시에 찬 사람이 간혹 있다. 허리띠가 풀리더라도 멜빵이 있어 바지가 흘러내리지 않는다. 단순 유행이 아니고서야 이렇게까지 하는 사람은 별로 없겠지만, 하나의 삶의 방식으로서 이런 '멜빵 허리띠'를 찬다는 건 매우 조심스럽거나 신중한 사람이라고 볼 수 있다. 문제가 발생하기 전에 미리 대처 방안을 마련해 놓는 것이다.

나는 그런 부류의 사람에 대해 잘 설명할 수 있다. 내가 바로 그런 사람이기 때문이다. 나는 아브라함도 그에 못지않은 인물이라고 생각한다. 이미 살펴본 것처럼, 아브라함은 (누구의 도움이 필요없으신) 하나님을 돕겠다고 직접 나서서 약속 성취를 앞당기려다가 여러 차례 곤경에 빠졌다. 아브라함은 하나님이 그의 도움 없이도 약속을 이루시는 분이라는 사실을 배울 때까지 계속 같은 장애물 앞으로 돌아오곤 했다. 아브라함의 계획은 늘 스스로를 곤경에 빠뜨렸고, 그럼에도 불구하고 약속에 신실하신 하나님은 매번 그를 건지셨다. 창세기 21장에서 우리는 마침내 약속이 성취되는 장면과 마주한다. 하나님이 사라에게 약속하신 일을 행하신다. 아들 이삭이 태어나는 것이다! 하지만 이삭이 태어났다고 아브라함의 배움이 끝난 것은 아니었다. 믿음이 성숙했어도 시험은 계속되었다. 다음 장에서 보겠지만, 아브라함은 하나님과 약속의 자녀 이삭 사이에서 누구를 더 의지할 것인가에 대한 시험에 직면하게 된다.

두 종류의 웃음

이삭의 출생은 실로 큰 기쁨이었다. 그 이름조차 '웃음'을 의미한다. 오랜 기다림과 소망 끝에 태어난 아들에게 이보다 더 어울리는 이름이 어디 있겠는가? 아브라함이 하나님의 약속을 의지하고 하란을 떠난 지 25년 만이다. 마침내 아브라함은 약속의 성취를 눈으로 보고야 말았다. 성경에서 예수 그리스도를 제외하고 이삭만큼 오랜 기다림 끝에 이루어진 탄생은 없다.

그럼에도 불구하고 대부분의 사람들에게 이 일은 중요한 사건이 되지 못했다. 노년의 유목민에게서 아들이 태어났다. 기이한 일임에는 틀림없다. 그렇다고 그것이 세상을 뒤흔들 만한 사건인가? 믿음의 눈을 가진 사람만이 이삭이 하나님의 약속의 성취임을 볼 수 있다. 믿음의 사람만이 약속의 아들의 탄생에서 큰 기쁨을 찾을 수 있다(창 21:6).

모든 사람이 이삭의 출생을 기뻐한 것은 아니었다. 이스마엘에게 있어 또다른 아이의 출생은 기쁨보다 조롱의 빌미가 되었다. 이스마엘도 웃었다. 그것은 불신에 찬 웃음이었다. 사라와 함께 웃기보다 사라를 비웃었다. 이스마엘은 이삭을 조롱하고, 그럼으로써 하나님과 하나님의 약속을 조롱했다. 이삭의 출생을 둘러싼 주위의 흥분은 그에게 그저 웃음거리에 불과했다.

하나님을 조롱하는 일을 우리는 가볍게 넘기곤 한다. 그런 일이 너무 흔하다보니 격하게 반응하기도 힘들어졌다. 하지만 성경은 하나님을 '조롱하는 일'을 매우 심각한 죄로 여긴다. 예를 들어, 시편 1편 1절은 지혜로운 이들이 사귀어서는 안 될 사람으로 악인, 죄인과 더불어 '오만한 자'(mocker, 조롱하는 자)를 언급한다. 잠언에서는 지혜로운 사람과 대비되는 사람을 가리켜 '거만한 자'(mocker)라고 말한다(잠 9:8, 12). "너는 네 하나님 여호와의 이름을 망령되이 일컫지 말라"는 제3계명도 하나님과 그분의 성품을 가볍게 취급하지 말라는 경고다. 하나님을 조롱하는 일이 심각한 죄가 되는 까닭은 그것이 불신에서 비롯되기 때문이다. 믿음이란 말씀이 가르치는 대로 하나님을 믿고, 그분을 받아들이는 것이다. 반면 오만한(조롱하는) 태도는 하나님의 말씀을 경멸하고 그분을 업신여기는 것이다. 그런 사람에게는 철저한 회개가 필요하다. 하지만 그런 변화를 일으킬 수 있는 것은 그들이 조롱하는 그 하나님의 말씀뿐이다.

떠나야만 하는 하갈과 이스마엘

이스마엘은 이삭의 출생을 조롱함으로 자신이 하나님의 약속과 아무 상관 없는 존재임을 스스로 입증했다. 이스마엘은 경외심과 사랑으로 찬송하며 무릎을 꿇는 대신 비웃음만 보였다. 사라는 하나님과 약속의 아들을 향한 이스마엘의 조롱을 참을 수 없었다. 그녀는 아브라함에게 가서 여종과 그 아들을 내쫓으라고 요구했다. 하갈과 이스마엘은 아브라함이 장차 누릴 유업(아브라함을 따르는 믿음의 자손에게 주어지는 유업)에 아무 관심이 없었으므로 아브라함과 한 가족이 될 수 없었다.

아브라함은 사라의 요구를 듣고 망설였다. 우리도 그의 망설임을 이해할 수 있다. 사라의 요구는 비록 이스마엘이 잘못을 저질렀다고 해도 너무 가혹해 보인다. 아브라함 역시 자신의 혈육인 이스마엘에 대한 애정이 적지 않았다. 게다가 이삭은 아직 어린아기에 불과했다. 만일 이삭에게 무슨 일이라도 생기면 어떻게 하는가? 당시는 영아 사망율이 높던 시절이었다. 말하자면 어찌 될지 모르는 미래를 위해 이스마엘을 데리고 있는 것이 현명한 선택일 수 있었다. 이 시점에서 '멜빵 허리띠' 같은 실용주의가 고개를 들 수도 있는 것이다.

하나님은 사라의 편을 들어주셨다. 여담으로 말하자면, 여기서 우리는 남편에 대한 아내의 순종이 의미하는 한 가지 중요한 측면을 볼 수 있다. 베드로전서 3장 5-6절에서는 사라를 순종의 전형적인 모범 사례로 제시하고 있다.

하지만 그 말이 사라가 현관에 깔아놓은 신발 닦개처럼 짓밟히고도 아무 소리 못하고 가만히 있는 여자라는 의미는 아니다. 그녀는 남편 곁에 서서 고개를 조아리며 "무엇이든 말씀만 하세요"라고 말하는 여자가 아니었다. 사라는 지혜로웠으며, 필요하다면 아브라함에게 용기 있게 대면할 수 있는 여자였다. 이 사건에서도 하나님은 그녀가 아브라함에게 대면할 수 있는 권리뿐 아니라 이 상황에 대한 그녀의 관점을 옹호해 주셨다.

아브라함은 약속의 자손인 이삭에게만 충실해야 했다(창 21:12). 그는 혈육에 대한 연민이나 자신의 우유부단함 때문에 뒤로 물러나서는 안 되었다. 때로 사람들은 가족 때문에 하나님의 부르심에 순종하는 것을 주저하기도 한다. 그들은 이렇게 생각한다. "선교사로 나가게 되면 배우자는 어떻게 찾지?" "부모님은 누가 보살펴 드리지?" "아이들 교육과 뒷바라지는 어떻게 하지?" 이러한 의문에 대한 정답은 분명하다. 하나님이 모든 것을 책임지신다. 이 진리를 많은 사람들이 삶에서 경험하고 있다. 예수님도 말씀하셨다. "너희는 먼저 그의 나라와 그의 의를 구하라 그리하면 이 모든 것을 너희에게 더하시리라"(마 6:33). 이스마엘에 대한 아브라함의 염려를 잘 아셨던 하나님은, 이스마엘의 후손이 한 민족을 이루게 하리라는 약속으로 응답하셨다(창 21:13).

한편으로 사람들을 망설이게 만드는 것이 있다. 그것은 두려움이다. 사람들은 하나님의 방법이 제대로 먹혀들지 않을 경우에 대비해 예비책을 마련해 둔다. 그렇지만 하나님은 약속에 대한 전적인 헌신을 요구하신다. 양다리를 걸쳐서는 안 된다. 그래서 하나님은 아브라함이 사라의 말을 들어야 하는 이유로, 아브라함에게 하신 약속을 다시 한번 확인시켜주신다. "하나님이 아브라함에게 이르시되 네 아이나 네 여종으로 말미암아 근심하지 말고 사라가 네게 이른 말을 다 들으라 이삭에게서 나는 자라야 네 씨라 부를 것임이니라"(창 21:12).

아브라함은 하나님의 약속에 어떻게 응답할 것인가? 그는 하나님을 믿었다. 그리고 하갈과 이스마엘을 내보냈다.

이스마엘의 미래

이후에 발생한 사건은 여러 가지 면에서 비극적이다. 아브라함의 집에서 쫓겨난 하갈과 이스마엘은 의지할 데가 없었다. 아브라함은 복의 근원이었다. 아브라함에게서 떠난 두 사람은 그를 통해 누릴 수 있는 은총에서도 떨어져나간 것이다. 두 사람은 스스로를 돌아보며 죽은 것이나 다름없다고 여겼다.

하지만 하나님은 아브라함에게 약속하신 대로 그들을 구원하셨다. 하갈의 눈을 열어 샘물을 보게 하심으로 그들의 육체적인 필요를 채워주신 것이다. 나아가 그들은 목숨을 보전했을 뿐 아니라, 아브라함에게 하신 약속을 따라 번성하게 되었다.

그러나 그들의 영적 상태는 좋지 못했다. 이스마엘은 활 쏘는 자가 되었고 애굽 땅에서 아내를 얻었다. 이 사실은 중요해 보이지 않을 수도 있다. 그렇지 않다. 아브라함의 이야기 전반에서, 애굽은 약속의 땅을 떠나게 만드는 시험거리였다는 사실을 기억해야 한다. 아브라함은 이삭의 아내를 얻어주기 위해 굳이 혈족이 거주하는 먼 곳까지 여정을 떠났다. 하지만 이스마엘은 아브라함에게서 받을 수 있는 영적 유산에 대해서는 아무 관심이 없었다. 이 땅에서의 필요가 채워지는 것에 만족했다. 애굽 여자도 그를 만족시키기에는 충분했던 것이다.

오늘날 많은 사람들도 이와 같다. 그들은 잘 사는 것에 만족한다. 하나님이 그들에게서 인생의 큰 문제만 제거해 주신다면 행복해 한다. 하지만 이삭에 대한 태도에 따라 이스마엘의 영적인 미래가 좌우되었다는 사실을 생각해 보자. 이스마엘이 약속의 아들 이삭에게 다르게 반응했더라면 그의 삶은 어떻게 달라졌겠는가?

다른 차원에서 보면, 이것은 우리에게도 마찬가지로 적용된다. 우리의 영적인 미래는 약속의 자손, 예수님에 대한 우리의 반응에 달렸다. 기쁨으로 예수님을 믿으면 복된 길에 들어선다. 불신 가운데 그분을 조롱하면 즉시 재앙에 이르지는 않더라도, 하나님이 주시는 가장 풍요로운 영생의 축복으로부터 떨어져나가고 말 것이다.

하갈과 사라

사도 바울은 갈라디아서 4장 21-31절에서 이 사건을 언급하고 있다. 그는 이것을 알레고리로 해석한다. 즉, 하갈은 하나님께 받아들여지기 위해 자신의 노력에만 의지하는 사람을 나타낸다. 그는 율법에 얽매인 사람이다. 그러므로 하나님 앞에 서 있다 하더라도 그것은 일시적이며 불안정하다.

반면, 사라는 복음에 기초해 믿음으로 사는 사람을 가리킨다. 그런 사람은 자신의 의를 신뢰하지 않고, 하나님이 그의 것으로 인정해 주시는 예수 그리스도의 의를 의지한다. 그는 약속의 자손이다. 그가 누리는 자유는 하갈이 결코 알 수 없었던 자유다. 그는 자신을 용서하실 뿐 아니라 받아들이신 하나님과의 영원한 관계를 누린다.

하갈과 이스마엘은 언제 쫓겨날지 모르는 불안 속에서 살았을 것이다. 아브라함의 집에 있으나 안정된 자리를 차지하지 못했다. 늘 불안정했다. 단 한 번의 실수로도 그들은 아브라함의 집에서 쫓겨날 수 있었으며, 실제로 그렇게 되었다. 자기 자신의 선행에 의지하는 사람도 이들과 마찬가지다. 그런 사람은 자신의 구원을 확신하지 못한다. 자신이 하나님을 기쁘시게 할 만한 공로를 쌓았다고 확신하지 못하기 때문이다.

그러나 이삭의 자리는 확고했다. 이는 사라도 마찬가지였다. 그들은 가족의 이름으로 묶여 있었다. 하나님의 약속이 가리키는 대상이었으며, 따라서 떨어져나갈 수가 없었다. 마찬가지로 예수님을 의지하는 사람은 결코 하나님에게서 떨어져나가는 일이 없다. 하나님의 양자로서 당당히 상속권을 소유한 사람이기 때문이다. 이것을 요한은 이렇게 선포한다. "영접하는 자 곧 그 이름을 믿는 자들에게는 하나님의 자녀가 되는 권세를 주셨으니 이는 혈통으로나 육정으로나 사람의 뜻으로 나지 아니하고 오직 하나님께로부터 난 자들이니라"(요 1:12-13).

우리는 어디에 속한 사람인가? 여종의 아들인가, 약속의 아들인가? 그 둘 사이의 차이를 구별할 수 있는가? 열쇠는 예수님 안에서 성취된 하나님의 약속에 대해 우리가 어떤 태도를 보이느냐에 달려 있다.

예수님을 생각할 때 우리 마음에 기쁨이 일어나는가, 아니면 조롱이 일어나는가? 예수님의 십자가 죽음은 우리에게 어떤 의미를 갖는가? 우리 스스로는 결코 감당하지 못할 형벌을 하나님이 십자가 위에서 대신 받으신 사실을 보면서 우리 마음은 감사와 기쁨으로 넘치는가? 그렇지 않다면 자신의 의로는 충분치 않다는 사실에 그저 좌절감만 느끼는가? 믿음으로 사는 사람은 하나님 앞에 서기 위해 다른 모든 것은 기꺼이 포기하고 오로지 예수님만을 의지한다. 그런 사람은 멜빵 허리띠를 의지하지 않고, 예수님 안에서 성취된 하나님의 약속을 의지한다. 우리의 안전을 보장받을 길은 오로지 예수님뿐이다.

다시 만난 아브라함과 아비멜렉

창세기 21장 후반부에서 우리는 다시 한번 아비멜렉을 만난다(22-34절). 아비멜렉은 아브라함을 처음 만났을 때 그에게서 강렬한 인상을 받았던 게 분명하다. 그는 아브라함에게 와서 자신과 자신의 후손들과 영원한 언약을 맺자고 제의한다(23절). 이방의 왕 아비멜렉은 하나님이 아브라함과 함께 계심을 인식했다. 그래서 아브라함이 더 이상 자신이나 자신의 자손에게 거짓되이 행하지 않기를 다짐받고 싶었다(23절).

여기에는 아브라함이 전에 저지른 잘못에 대한 책망이 내재되어 있었다. 사실 그때 아브라함은 명백하게 과오를 저질렀다. 이제 아비멜렉은 과거의 잘못을 말끔히 씻고 장래의 평화를 보장받고 싶어했다. 그러나 아브라함은 언약을 체결하기 전 아비멜렉과 담판을 지어야 할 한 가지 문제가 있었다. 아비멜렉의 종들이 아브라함이 파놓은 우물을 빼앗은 불의한 일에 대해 짚고 넘어가기를 원했다.

언약에 관한 일반적인 사항들과 그들만의 특수한 조건들이 언급된 후에, 아브라함이 아비멜렉에게 양과 소를 주고 서로 언약을 맺는다. 일곱 암양 새끼를 따로 준비해 아비멜렉에게 주면서 문제의 우물이 아브라함이 판 것임을 인정해줄 것을 요구하고, 아비멜렉은 이를 받아들인다. 그리하여 그들은 (비록 영구적이지는 않더라도 상당히 오랜 기간) 평화 가운데 공존하게 되었다(34절). 아브라함이 평화와 번영의 시기를 향유하게 된 것이다.

여기서 아비멜렉은 다시 한번 이 땅의 왕들이 하나님의 백성을 어떻게 대해야 하는지에 대한 모범을 제공해 준다. 예를 들어, 아브라함과 아비멜렉의 관계를 소돔 왕과의 관계와 비교해 볼 때 어떤 점이 다른지 주목해 보자. 아비멜렉은 아브라함에게 와서 그에게서 말미암는 복을 발견했다. 시편 2편 10-12절에서 말하는 지혜로운 왕처럼, 그는 여호와와 기름부음 받은 자와 더불어 화평을 맺었다. 아브라함은 자신도 모르는 사이에 자신의 부르심을 이행하고 있었다.

아브라함은 하나님에 대해서도 배우고 있었다. 즉, 하나님은 영원한 하나님이시다(33절). 하나님은 불변하시고, 영원부터 영원까지 동일하시며, 우리가 의지할 유일한 하나님이시다. 하나님의 간섭하심으로 아브라함은 그가 예전에 "이곳에서는 하나님을 두려워함이 없[다]"(창 20:11)고 말한 바로 그 땅이, 그가 오랫동안 평화롭게 살 수 있는 곳이라는 사실을 깨닫게 되었다. 다른 것은 변할지라도, 하나님의 약속은 영원히 설 것이다.

※ **묵상을 위한 질문** ※

1. '이삭'이라는 이름의 의미가 무엇인가? 아브라함의 아들에게 그 이름이 더할 나위없이 적절한 이유는 무엇인가?

2. 어떤 점에서 이삭의 출생은 예수님의 탄생과 비슷한가? 서로 다른 점은 무엇인가?

3. 아브라함이 이스마엘을 떠나보내기 싫어했던 이유는 무엇인가? 그럼에도 그렇게 해야만 하는 이유는 무엇인가? 하나님은 아브라함에게 이스마엘에 대해 무엇을 약속해 주셨는가?

4. 이스마엘의 행복과 불행은 이삭에 대한 이스마엘의 태도에 달려 있었다. 왜 그런가? 마찬가지 이유로, 당신의 행복과 불행도 또다른 약속의 자손인 예수 그리스도에 대한 당신의 반응에 따라 좌우된다고 할 때, 어떤 면에서 그런가?

5. 하나님의 약속을 신뢰하는 대신, 당신이 따로 의지하고 싶은 약속이 있는가? 어느 때 가장 큰 유혹을 받는가?

6. 남편과 아내 사이에 어떤 사안을 놓고 의견이 심하게 갈릴 때 어떻게 해야 하는가? 하나님이 기대하시는 바는 무엇인가?

7. 하나님이 당신에게 포기하라고 요구하시는 정말로 어려운 일은 무엇인가? 하나님이 그렇게 요구하시는 이유가 무엇이라고 생각하는가?

12
시험 끝에 찾아온 시련

우리 삶의 우선 순위는 무엇인가? 무엇이 우리를 행복하게 하는가? 이는 아브라함의 삶을 살펴보면서 우리가 줄곧 물었던 질문이기도 하다. 하나님 없이도 우리 삶을 의미 있게 해주는 것이 있는가? 우리의 우상은 무엇인가? 롯의 아내에게는 뒤에 두고온 소돔 성이 그녀의 우상이었다. 롯의 딸들에게는 자녀였을 것이다. 아비멜렉을 만났을 때, 아브라함에게는 안전이 순종보다 우선이었다. 아브라함은 이렇게 말하고 있었다. "하나님만으로는 충분하지 못해. 내게는 안전도 중요해." 우리는 어떠한가? 하나님께 대한 순종이 언제나 최우선인가, 아니면 욥의 고백처럼 "비록 하나님이 나를 죽이실지라도 나는 그를 신뢰할 것"(욥 13:15, 현대인)이라고 흔쾌히 말하지 못하는 부분이 우리 삶에도 있는가?

이것은 한 번의 선택과 결정으로 끝나는 게 아니다. 날마다 겪어야 하는 싸움이다. 아브라함처럼, 우리도 날마다 분투하며 전진해야 한다. 아브라함은 자신에게 이런 질문을 던지며 싸움을 벌여나갔다. "하나님이 나의 도움이 없이도 약속을 이루실 능력자시라는 사실을 나는 믿는가?" 그래서 기근이 들었을 때 하나님은 아브라함과 사라를 돌보셨는가? 하나님이 사라의 태를 열어주셨는가? 그렇다!

약속에 모든 것을 걸다

창세기 21장에서, 우리는 (이삭을 통해 약속을 성취하실) 하나님에 대한 믿음에서 중대한 변곡점을 맞이했던 아브라함을 보았다. 아브라함은 하나님과 그분이 주신 약속에 모든 것을 걸어야 했다. 그런 믿음의 증거로, 아브라함은 하갈과 이스마엘을 떠나보내야 했고, 이스마엘이 (어린 이삭을 대신해) 약속을 이을 예비자가 될지 모른다는 기대조차 포기했다. 그럼에도 창세기 22장에서 하나님은 아브라함에게 또다른 시험을 치르게 하신다(창 22:1). 전례 없는 이 시험에서, 하나님은 아브라함이 하나밖에 없는 아들 이삭조차 기꺼이 포기할 수 있는지를 물으신다. 하나님이 요구하신다면, 아브라함은 어떻게 반응할까? 이제까지 아브라함이 지나온 모든 삶은 어쩌면 이 순간을 위한 준비였는지 모른다. 몇십 년 전, 하나님이 처음으로 아브라함을 부르시며, "너는 너의 본토 친척 아비 집을 떠나 내가 네게 지시할 땅으로 가라"(창 12:1) 하시던 장면을 기억하는가? 아브라함은 그 부르심을 따라 믿음으로 나아가야 했다. 그리고 다시 한번 하나님은 아브라함에게 같은 말씀을 하신다. "내가 네게 지시하는…" 곳으로 가라는 부르심이다. 아브라함은 믿음으로 나아가야 했다. 하지만 이 경우엔, 그 순종의 결과가 복이 아니었다. 복을 가져다줄 사람을 자신의 손으로 죽이는 것이었다. 아브라함처럼 믿음의 시험을 받아본 사람이 누가 있을까? 그런 일을 원하는 사람은 아무도 없을 것이다.

　시험은 가혹했다. 가장 사랑하는 이를 죽여야 했다. 이 시험은 자신의 목숨을 잃을 각오로 하나님을 믿을지 말지를 선택하는 것과는 전혀 다른 문제였다. 자기 자신이 아니라, 자신이 가장 사랑하는 사람을 자기 손으로 죽여야 하는 상황인 것이다. 그것도 하나밖에 없는 아들을 말이다(창 22:2).

　이 시험이 더욱 가혹한 것은, 죽여야 하는 대상이 약속의 성취를 가져다줄 장본인이었다는 사실이다. 아브라함은 이삭을 통해서만 (하늘의 별과 같이 많은) 후손을 얻고 약속의 땅을 소유할 수 있었다. 그런 이삭이 죽는다는 것은 하나님의 약속이 깨어지는 것을 의미했다. "이삭을 데리고…그를 번제로 드리라"(2절)는 하나님의 명령 한 마디에 아브라함은 하늘이 무너져내리는 것 같은 심정이었을 것이다.

우상이 된 약속

하나님의 약속이 우상이 될 수도 있다. 우리가 "나는 하나님이 자기 백성에게 약속하신 좋은 것들에 더해 하나님도 가져야겠어"라고 말하는 순간, 하나님의 축복은 우리 마음속에서 하나의 우상이 된다. 욥은 전심으로 하나님을 섬긴 의인이었다. 하나님이 사탄에게 이렇게 말씀하실 정도였다. "네가 내 종 욥을 주의하여 보았느냐 그와 같이 온전하고 정직하여 하나님을 경외하며 악에서 떠난 자는 세상에 없느니라"(욥 1:8). 사탄은 이렇게 대꾸했다. "욥이 어찌 까닭 없이 하나님을 경외하리이까 주께서 그와 그의 집과 그의 모든 소유물을 울타리로 두르심 때문이 아니니이까 주께서 그의 손으로 하는 바를 복되게 하사 그의 소유물이 땅에 넘치게 하셨음이니이다 이제 주의 손을 펴서 그의 모든 소유물을 치소서 그리하시면 틀림없이 주를 향하여 욕하지 않겠나이까"(욥 1:9-11). 하나님은 욥에게서 모든 것을 앗아가셨다. 욥은 하나님을 욕하지 않았다. 욥은 자신에게 왜 그런 일이 일어나는지 이해하지 못했다. 자신에게 닥친 고난의 이유를 알 수 없었다. 하지만 그는 자신이 바라는 것은 하나님뿐이며, 하나님 외에 다른 어떤 것도 아님을 알게 된다. 그는 이렇게 말했다. "비록 하나님이 나를 죽이실지라도 나는 그를 신뢰할 것이다"(욥 13:15, 현대인).

아브라함의 경우도 욥과 같았다. 하나님은 그에게 재물과 번영과 위대한 이름을 주셨다. 대신 그가 포기한 것은 무엇인가? 우르와 하란에 있던 가족과 친구들이었다. 그것도 큰 희생이다. 하지만 이제 아브라함은 극한의 시험에 직면했다. 이삭을 죽인다는 것은 하나님의 약속의 종료를 의미했다. 후대의 그리스도인들은 이것이 시험이었음을 알지만, 아브라함은 몰랐다.

아브라함은 하나님의 복을 얻기 위해 하나님을 섬겼는가? 아니면 하나님만 바라보며 하나님을 섬겼는가? 설령 하나님이 이땅에서 약속을 이루시지 않는다 하더라도 아브라함은 변함없이 하나님께 순종할 것인가? 우리는 어떠한가? 하나님이 우리의 소유물뿐 아니라 소중한 사람들까지 앗아가신다면, 변함없이 그분을 섬길 수 있는가? 사는 동안 내내 신실하게 하나님을 섬겼음에도 눈에 보이는 열매가 없다면 어떻게 하겠는가? 오랜 세월 마음을 다해 복음을 전했는데도 당사자가 반감을 드러내며 등을 돌린다면 어떻게 하겠는가? 가장 믿었던 사람에게서 배신을 당한다면 어떻게 하겠는가? 그 모든 일을 겪으면서도 "나는 하나님 한 분으로 만족해. 전부를 가졌는 걸" 하고 말할 수 있겠는가?

초기 선교사들의 무덤 앞에서 우리의 마음은 숙연해진다. 지난 세기에 서아프리카로 나갔던 많은 선교사들이 그곳에서 불과 몇 개월밖에 살지 못했다. 어떤 이들은 타고 온 배에서 내리지도 못했다. 그들은 하나님을 위해 무엇을 성취했는가? 수고의 결과로 그들이 얻은 열매는 무엇인가? 그들은 그 머나먼 곳에 선교에 대한 자신의 꿈을 묻고, 사랑하는 아내와 어린 자녀까지 묻었다. 자신뿐 아니라 가장 사랑하는 이들을 하나님을 위한 희생제물로 드렸다. 결코 먼 옛날 이야기가 아니다. 내가 2년 간 일했던 라이베리아의 기독교 방송국 옆에는 작은 선교사 묘지가 있다. 우리 선교단체 대표도 그곳에 자신의 아이를 묻어야 했다.

아마존의 열대 우림의 원주민에게 복음을 전하러 간 선교사들을 그린 헐리우드 영화를 본 적이 있다. 그 영화가 묘사한 선교사의 모습에는 잘못된 부분이 많다. 배우들은 선교사처럼 말하지도 않았고, 선교사처럼 기도하지도 않았으며, 선교사처럼 행동하지도 않았다. 내가 보기에 선교사의 모습을 가장 희화시킨 장면은, 선교사 부부의 아들이 열병으로 죽는 장면이다. 아들을 땅에 묻으면서 선교사인 아버지는 분노에 찬 표정으로 하늘을 향해 울부짖는다. "당신이 내 아들을 데려가도록 허락한 적이 없습니다!" 진실은 이렇다. 많은 선교사들이 하나님은 그들에게 무엇이든 요구하실 수 있음을 인정했으며, 하나님의 부르심에 대한 순종으로 극한의 희생까지 치를 준비가 되어 있었다. 그들은 하나님께 모든 것을 허락한 사람들이었다.

시험을 받아들이다

아브라함은 자기 앞에 다가온 도전에 어떻게 반응했는가? 그는 아침에 일찍 일어났다(창 22:3). 그는 지체없이 하나님께 순종했을 뿐 아니라, 시간이 흐르면서 발걸음을 늦추지도 않았다. 하나님이 지시하신 곳으로 가는 데는 삼 일이 걸렸다(4절). 아브라함에게는 삼 년처럼 길었을 것이다. 아브라함은 하나님이 기적을 행하실 것을 처음부터 믿고 있었는가? 그는 종들에게 이렇게 지시했다. "너희는 나귀와 함께 여기서 기다리라 내가 아이와 함께 저기 가서 예배하고 우리가 너희에게로 돌아오리라"(5절). 이삭이 어린 양에 대해 물었을 때도 아브라함은 "번제할 어린 양은 하나님이 자기를 위하여 친히 준비하시리라"(8절)고 말했다. 하지만 기적이 일어나지 않는다 해도 아브라함은 끝까지 하나님께 순종했겠는가? 느부갓네살 왕의 금 신상에게 절하느니 차라리 죽음을 택하겠다고 한 다니엘의 세 친구처럼 말이다(단 3장).

아브라함은 하나님이 죽은 자도 살리실 수 있는 분임을 믿었다(히 11:19). 하지만 그는 하나님으로부터 그런 의도를 가지고 계시다는 아무런 언질을 받지 못했다. 그저 하나님을 믿고 순종했다. 그의 믿음이 행동으로 드러났다. 그의 믿음에 따른 순종은 이렇게 말하고 있었다. "하나님이 말씀하셨고 나는 그것을 믿는다. 그러므로 믿음이 해결할 것이다." 비록 지금은 하나님이 하시는 일을 이해하지 못한다 하더라도, 세상을 심판하시는 이가 공의를 행하지 않으시겠는가?

하나님은 아브라함이 극한의 순간까지 순종하도록 부르셨다. 아브라함은 이삭을 묶고 제단 위에 올려놓았다. 예전에 할례를 베풀던 날처럼 그는 다시 한번 아들에게 칼을 들어야 했다. 사랑하는 아들의 숨을 끊으려는 순간, 여호와의 천사가 하늘에서 외쳤다.

> 아브라함아 아브라함아…그 아이에게 네 손을 대지 말라 그에게 아무 일도 하지 말라 네가 네 아들 네 독자까지도 내게 아끼지 아니하였으니 내가 이제야 네가 하나님을 경외하는 줄을 아노라(창 22:11-12).

아브라함이 눈을 들어 보니 하나님이 준비해 놓으신 숫양이 수풀에 걸려 있었다. 아브라함은 아들을 대신해 숫양을 제물로 바치고, 시험을 통과했다. 이 단번의 시험을 통해, 그는 자신의 소망이 이 땅이 아니라 하늘의 유업에 있음을 증명해 보였다. 하나님은 그 누구의 도움 없이도 자신의 약속을 성취하시는 분임을 아브라함은 다시 한번 배우게 되었다.

아브라함은 나의 때를 보았다

이 사건을 통해 아브라함이 얻은 교훈은 무엇인가? 예수님은 "너희 조상 아브라함은 나의 때 볼 것을 즐거워하다가 보고 기뻐하였느니라"(요 8:56)고 말씀하셨다. 이 말씀의 의미는 무엇인가? 아브라함은 아들 이삭을 제물로 바치려 한 사건을 겪으면서 예수 그리스도를 통해 성취될 구원의 길에 대한 통찰을 얻었다. 다시 말해, 이삭과 관련한 이 경험은 아브라함이 그러한 통찰을 얻게 된 결정적인 열쇠가 되었다.

무엇보다 아브라함은 하나님의 약속에는 '당연'이란 게 없다는 것을 이해하게 되었다. 어떤 사람은 하나님의 용서를 당연한 것처럼 생각한다. 그들은 철학자 하인리히 하이네가 그랬던 것처럼 "하나님은 용서하실 것이다. 그것이 그분의 직무니까"라고 말한다.

실제로 사람들은 두 가지 측면에서 그렇게 생각한다. 첫째, 사람들은 자신이 어떻게 살든지 문제가 되지 않는다고 말한다. 하나님은 우리가 어떻게 살았는지에 상관없이 결국에는 우리를 받아들이실 것이기 때문이라는 것이다. 그들은 사랑의 하나님이 모든 사람을 용서해 주는 것은 당연하다고 믿는다. 둘째, 사람들은 자신이 살면서 행한 선행 때문에 하나님이 자신들을 구원해 주셔야 한다고 믿는다. 그들은 자신의 노력에 상응하는 '대가'를 기대하는 것이다. 그들은 착하게 살아왔다. 그러니 하나님도 자신들의 실패를 용서해 주고 천국으로 들어가게 해주셔야 한다는 논리다.

하지만 아브라함은, 하나님의 약속은 당연한 것도, 자동적으로 응답되는 것도 아니라는 사실을 알았다. 아브라함은 하나님에 대한 순종에 따른 결과라면, 인류에게 주어질 모든 복이 창 밖으로 사라진다 해도 기꺼이 받아들일 자세가 되어 있었다. 그것은 이삭을 제물로 바치려 할 때 아브라함이 예상했던 결과이기도 했다. 약속에 따른 자녀의 죽음은 곧 약속에 따른 모든 복의 종료를 의미했을 것이다. 하나님은 무수히 많은 사람들을 구원하실 의무가 없으시며, 아니 (하나님이 마음만 먹으시면) 단 한 사람도 구원하지 않으셔도 된다는 사실을 아브라함은 인정했다. 만일 누군가 구원을 받는다면, 그것은 전적으로 언약에 따른 약속에 헌신하시려는 하나님의 은혜 때문이지, 그밖의 다른 이유는 없다. C. S. 루이스의 말처럼, 우리 하나님은 길들여진 하나님이 아니시다.

둘째, 이 경험을 통해 아브라함은 자기 백성을 향하신 하나님의 지극한 사랑을 이해하게 되었다. 하나님도 자기 아들을 아끼지 않고 내어주실 뿐 아니라 우리를 위해 심지어 버리셨기 때문이다. 고통을 수반하는 희생의 원리를 몸소 경험하는 것은 머리로 이해하는 것과는 비교가 안 된다. 손에 칼을 쥐고서 (하나님이 그저 요구하셨다는 이유로) 기쁨의 근원이 되는 사랑하는 이를 죽이는 것은 차원이 전혀 다른 문제다. 아브라함은 하나님께 모든 것을 허락했다.

셋째, 아브라함은 대속물을 통한 속죄의 원리를 배웠다. 구약에서 제물은 여러 가지 의미를 지닌다. 어떤 제물은 군주에게 바치는 공물의 역할을 했다. 어떤 제물은 아무런 강제성 없이 감사의 뜻으로 바치는 선물이기도 했다. 또 어떤 제물은 하나님과 인간이 함께 나누는 친교의 식사라는 의미를 가졌다. 혹은 아브라함에게 이삭을 번제로 드리라고 하나님이 명령하신 것처럼 전적인 자기 헌신을 의미하는 제물도 있었다.

그러나 대부분의 경우 구약의 제물은 대속의 의미를 지녔다. 구약에서 제물이 지니는 이런 특성을 이처럼 뚜렷하게 표현한 곳도 없을 것이다. 숫양은 이삭의 죽음을 대신했다(창 22:13). 이와 같이 하나님의 어린양인 예수님도 우리를 대신해 하나님의 진노의 칼을 받으심으로 세상의 죄를 속하셨다.

넷째, 이삭이 아버지와의 관계를 다시 회복할 수 있었던 것은 희생이 따랐기 때문이다. 즉 그의 구원은 피흘림 없이 이루어질 수 없었다. 하나님은 아브라함이 시험을 통과했다고 해서 희생의 요구마저 철회하시지 않았다. 희생은 여전히 이루어져야만 했다. 다만 희생물이 바뀌었을 뿐이다.

우리의 경우도 마찬가지다. 은혜는 값없이 주어진다. 하지만 그럴 수 있는 이유는 하나님이 예수님 안에서 그 은혜의 대가를 몸소 지불하셨기 때문이다. 하나님은 이삭을 위할 뿐 아니라 우리 모두를 위해 대속물을 예비하심으로 자신이 여호와 이레이심을 입증하셨다. "아브라함이 그 땅 이름을 여호와이레라 하였으므로 오늘까지 사람들이 이르기를 여호와의 산에서 준비되리라 하더라"(창 22:14). 하나님이 이삭을 위해 대속물을 준비해 놓으신 곳이 모리아 산이었음은(2절) 의미심장하다. 이곳은 나중에 솔로몬 성전이 세워질 곳이자(대하 3:1), 십자가가 세워질 갈보리 산에서 그리 멀지 않은 곳이기 때문이다.

다섯째, 하나님의 약속에 대한 아브라함의 믿음이 그를 순종으로 이끌었다면, 이 순종은 약속의 갱신을 가져다주었다. 창세기 22장 16-18절에서 이 사실을 볼 수 있다.

내가 나를 가리켜 맹세하노니 네가 이같이 행하여 네 아들 네 독자도 아끼지 아니하였은즉 내가 네게 큰 복을 주고 네 씨가 크게 번성하여 하늘의 별과 같고 바닷가의 모래와 같게 하리니 네 씨가 그 대적의 성문을 차지하리라 또 네 씨로 말미암아 천하 만민이 복을 받으리니 이는 네가 나의 말을 준행하였음이니라.

하나님은 아브라함에게 하신 약속이 성취될 것을 (다른 누구도, 무엇도 아닌) 자기 자신을 가리켜 맹세하셨다. 역설적이게도, 아브라함이 그 약속을 벼랑 끝에 올려놓고 결연히 잃어버릴 각오를 하면서, 언약의 갱신이 이루어질 수 있었다. 아브라함이 약속의 하나님보다 하나님의 약속을 더 소중히 여기고 그 약속을 마치 우상처럼 붙잡으려 했다면, 약속 자체가 위험에 놓였을 것은 명백한 사실이다. 예수님은 "누구든지 제 목숨을 구원하고자 하면 잃을 것이요 누구든지 나를 위하여 제 목숨을 잃으면 찾으리라"(마 16:25)고 말씀하셨다. 하나님이 우리에게 많은 은사와 복을 주신다 하더라도, 그런 것들이 하나님보다 더 우리의 사랑을 받을 만하지 않다.

믿음의 순종으로 말미암아 아브라함은 하나가 아닌 수많은 후손을 얻게 될 뿐 아니라, 그 후손들은 대적들 한 가운데서 자신들의 땅을 소유하게 될 것이다. 하나님이 새롭게 하신 이 약속은, 약속의 땅을 눈앞에 둔 광야의 세대에게 얼마나 큰 위로가 되었겠는가! 그들은 언제쯤 약속이 이루어질지 몰라 초조했을 것이다. 때로는 하나님이 그들을 자멸의 길로 불러들이신 것은 아닌가 회의에 빠졌을지도 모른다. 하지만 동시에 그들은 아브라함이 배웠던 교훈을 배웠을 것이다. 즉 하나님은 우리를 위해 예비해 놓고 계시며, 그분의 약속은 영원히 흔들림이 없다는 사실을 말이다.

어린양을 따르자

우리는 그리스도를 위해 많은 것을 포기하라는 부르심을 받을 수 있다. 목숨보다 소중한 사람을 잃을 수도 있으며, 꿈을 잃을 수도 있다. 혹은 쓰라린 이별을 맛볼 수도 있다. 하지만 우리는 하나님이 죽은 자를 살리시는 분임을 안다. 우리의 유업은 이 땅에 있지 않고, 아무도 손대지 못할 하늘나라에 그리스도와 함께 있다. 뿐만 아니라 우리에게는 예수님이 친히 주신 다음과 같은 소중한 약속이 있다.

> 내가 진실로 너희에게 이르노니 세상이 새롭게 되어 인자가 자기 영광의 보좌에 앉을 때에 나를 따르는 너희도 열두 보좌에 앉아 이스라엘 열두 지파를 심판하리라 또 내 이름을 위하여 집이나

형제나 자매나 부모나 자식이나 전토를 버린 자마다 여러 배를 받고 또 영생을 상속하리라(마 19:28-29).

이 모든 일에서 예수님은 친히 그 길을 가셨다. 겟세마네 동산에 올라가셨을 때 그분 앞에는 두 갈래의 길이 놓여 있었다. 군인들은 아직 도착하지 않았고 제자들은 잠들어 있었다. 그분은 잔을 거부하는 쪽을 택하실 수도 있었으며, 천군을 불러내실 수도 있었다. 다른 한편, 그분은 부르심에 충성하여 순종의 쓰디 쓴 잔을 마시는 길을 택하실 수도 있었다.

이삭이 자신을 불사를 나무를 지고 산을 오른 것처럼, 예수님은 십자가를 지고 골고다 언덕을 오르는 길을 택하셨다. 이삭이 아무 말 없이 자신을 내맡긴 것처럼, 예수님은 묵묵히 자신을 내맡기고 십자가에 못박히셨다. 이사야 선지자의 예언처럼 그분은 '털 깎는 자 앞에서 잠잠한 양같이 그의 입을 열지 아니하'(사 53:7)셨다. 아마도 예수님은 눈을 들어 하늘을 보셨을 것이다. 그러나 아버지의 손에 칼이 쥐어져 있고, 더이상 형의 집행이 연기될 수 없음을 보셨을 것이다. 그분 자신이 하나님의 어린양이셨기에 그분을 대신할 수 있는 것은 아무것도 없었다.

아브라함의 순종이 복의 갱신을 가져왔다면, 예수님의 순종은 (우리가 감당해야 할) 저주를 대신 감당하는 것을 의미했다. 아브라함과 그 후손에게 주신 하나님의 약속이 성취되기 위해 예수님은 하나님의 저주를 마지막 한 모금까지 마셔야 했다. 칼이 내리쳐졌다. 잔이 비워졌다. 그것은 우리가 구속함을 받기 위해 지불되어야 할 대가였다.

아브라함이 (의심의 구름을 벗어나) 극한의 지점까지 기꺼이 순종하려 함으로 하나님을 향한 그의 사랑을 입증했듯, 하나님은 십자가에 죽기까지 순종하려 했던 독생자의 순종을 받아들이심으로, 우리에 대한 의심의 여지 없는 깊은 사랑을 입증하셨다. 사도 바울은 이렇게 선포했다. "자기 아들을 아끼지 아니하시고 우리 모든 사람을 위하여 내주신 이가 어찌 그 아들과 함께 모든 것을 우리에게 주시지 아니하겠느냐"(롬 8:32).

그렇다면 우리가 할 일은 무엇인가? 나 자신과 내가 사랑하는 사람들을 위해 모든 소망을 하늘 저편에 두어야 한다. 예수님은 우리가 훗날 그분과 함께 영광을 누리기 위해 지금 여기서 그분과 함께 고난을 받으라고 부르신다. 그분과 함께 면류관을 쓰려면 그분과 함께 십자가를 져야 한다. 필요하다면 하나님의 약속이 영원히 뒤로 미루어진다 하더라도 기꺼이 그것을 받아들여야 한다. 우리는 하나님 한 분만으로도 만족해야 하는 사람들이기 때문이다.

사실 이것은 얼마나 어려운 일인가! 때로 기다림은 너무 힘들다! 인생의 모든 좋은 우상들을 내던지고 예수님을 따른다는 것이 얼마나 힘든 일인가! 하지만 이것을 기억하자. 그분은 우리를 위해 죽임을 당하셨다. 무고한 하나님의 어린양이 나 같은 더러운 죄인을 위해 죽으신 것이다. 하나님은 우리를 위해 대신 저주를 받을 어린양을 예비해 주셨다. 그러므로 우리는 모든 욕망을 그분의 제단 위에 올려놓고 그분을 따라야 한다.

※ **묵상을 위한 질문** ※

1. 아브라함은 하나님의 시험에 어떻게 응답했는가?

2. 이삭과 예수님 사이에는 어떤 유사성이 있는가? 반면 예수님의 희생은 어떤 점에서 이삭의 희생과 다른가?

3. 창세기 22장 15-18절에 비추어볼 때, 아브라함의 믿음과 순종의 결과는 무엇이었는가? 자신의 아들을 아끼지 아니하신 하나님의 결단이 이끌어낸 결과는 무엇인가?

4. 하나님이 당신에게 당신이 사랑하는 사람이나 대상물을 포기하도록 요구하신 적이 있는가? 그때 무슨 일이 일어났는가? 그 일을 통해 어떤 유익을 얻었는가?

5. 하나님이 당신에게 너무 많은 것을 요구하시지 않을까 염려해 본 적이 있는가? 당신이 감당하기 힘든 요구는 무엇인가?

6. 이삭은 아브라함의 시험을 어떻게 받아들였는가? 로마서 12장 1절에 비추어볼 때 우리는 어떤 점에서 이삭을 닮아야 하는가?

13
받아들여진 죽음

최근에 누군가와 죽음에 관해 이야기해본 적이 있는가? 우리 사회에서 '죽음'은 누구도 말하기를 꺼려하는 금기가 되었다. 늘 그랬던 것은 아니다. 예를 들어, 청교도 윌리엄 퍼킨스는 1616년에 '잘 죽는 법'에 관한 논문을 발표하기도 했다. 과거에는 죽음에 관한 논의가 다소 극단적인 경우도 있었다. 예를 들어 빅토리아 왕조 시대에 고귀한 격언을 읊조리며 죽은 아이들에 관해 쓴 책을 보면 화가 날 정도다. 그 시대 사람들은 성에 관해서는 극히 조심스러웠던 반면 죽음에 관해서는 공공연히 말하는 데 주저함이 없었다.

우리 시대는 정반대의 극단을 달리고 있다. 우리는 성에 관해서는 끊임없이 말하면서, 죽음에 관해서는 감추거나 애써 피해 가려고 한다. 그러다 (누구나 피할 수 없는) 죽음이 다가오면 정작 그것을 맞이할 준비가 되어 있지 못하다. 우리는 한 번도 잘 죽는 법에 대해 배운 적이 없다. 이번 장에서 우리는 죽음, 즉 아브라함의 사랑하는 아내 사라의 죽음에 대해 말하고자 한다. 창세기 22장이 비껴간 죽음에 대해 말하고 있다면, 창세기 23장은 받아들여진 죽음에 대해 말하고 있다. 아브라함과 사라가 하나님의 부르심과 선택을 받은 사람들이라고 해도 이 엄혹한 현실에서 자유로울 수는 없었다.

사라의 죽음

사라는 약속의 땅에서 살다가(창 23:2) 명을 다하여 127세의 나이로 세상을 떠났다. 그녀는 오랜 기간 질병으로 고통을 겪다가 숨을 거둔 것이 아니다. 인생의 황금기에 갑작스럽게 비극적인 죽음을 맞지도 않았다. 그렇더라도 죽음은 언제나 비극이다. 남은 사람들은 언제나 슬픔과 상실감을 맛본다. 아브라함도 아내의 죽음을 슬퍼하고 애통해 했다. 애통은 잘못된 것이 아니며, 어떤 이의 죽음을 슬퍼하는 것도 자연스러운 일이다.

이는 죽은 자의 부활을 소망하는 그리스도인에게도 마찬가지다. 때로 사람들은 그리스도인은 고통에 담담해야 하며, 행복을 방해받아서는 안 된다고 생각한다. 그들은 이렇게 말한다. "직장을 잃었다고요? 그래도 하나님을 찬양합시다." "어머니가 돌아가셨다고요? 지금 주님과 함께 계시니 오히려 기뻐해야 합니다." 그들이 보기에 우리는 어떤 슬픔도 느껴서는 (적어도 슬픔을 드러내서는) 안 되는 사람이다. "참된 그리스도인은 울지 않는다"가 마치 불문율처럼 돼버렸다.

성경은 다른 입장을 취하고 있다. 예수님은 마리아와 마르다가 그들의 오라비 나사로의 죽음으로 슬퍼하는 모습을 보시고 심령에 통분히 여기시고 민망히 여기셨다(요 11:33). 나사로의 무덤 앞에선 (곧 다시 살리실 것이었음에도) 눈물을 흘리셨다(35절). 사랑하는 사람이 죽으면 우리는 비록 그들의 부활을 소망하면서도 애통해 한다. 죽음으로 인한 이별이 가져다주는 상실감은 물론 일시적인 것이라 하더라도 현실인 것이다.

아브라함과 사라는 여러 가지 측면에서 창세기 2장 24절이 말하고 있는 원리의 전형을 보여준다. "이러므로 남자가 부모를 떠나 그 아내와 연합하여 둘이 한 몸을 이룰지로다" 실제로 아브라함과 사라의 결혼은 우리가 성경에서 찾아볼 수 있는 최초의 경건한 결혼이었다. 그들은 하나님의 부르심에 한마음으로 응답하여 고향과 가족을 떠났다. 그들의 결혼 생활 대부분은 하나님께로 더 가까이 나아가는 과정이었다. 물론 경건한 결혼이라고 해서 갈등이나 다툼이 없었다는 말은 아니다. 우리는 이미 앞에서 그들 사이에 심각한 의견 충돌이 있었음을 보았다(창 21:10-11). 성경이 언급하고 있지 않은 그와 비슷한 일들도 많았을 것이다. 때로 그들은 서로를 넘어지게 했다. 예컨대 사라는 하갈을 첩으로 맞아들이길 요구함으로 아브라함이 시험을 당하게 했다(창 16장). 아브라함이 사라가 자기 아내라는 사실을 감추려 했을 때는 반대의 상황이 벌어졌다(창 12장, 20장). 그들은 완전하지 못했다. 하지만 그들은 한 몸이었다. 그랬기에 아브라함은 사라가 곁을 떠났을 때 슬퍼하며 애통해 했다.

나그네요 거류하는 자

죽음은 영원을 돌아보게 만드는 순간이다. 아브라함은 사라의 죽음을 겪으며 자신이 이 땅에서 어떤 존재인지를 깨달았다. 그는 자신이 거주하던 지역의 헷 족속에게 가서 "나는 당신들 중에 나그네요 거류하는 자니"(창 23:4)라고 말했다.

히브리 성경에서는 "나그네요 거류하는 자"라는 아브라함의 말이 문장 앞에 나오는데, 그러면서 그의 강조하는 바가 두드러진다. 이 때는 아직 시편 90편이 기록되지 않았을 시기다. 하지만 그는 시편 90편 10절이 노래하는 정서를 그대로 드러내고 있다. "우리의 연수가 칠십이요 강건하면 팔십이라도 그 연수의 자랑은 수고와 슬픔뿐이요 신속히 가니 우리가 날아가나이다."

하나님이 아브라함을 불러 그에게 지시하시는 땅으로 가라고 하신 지 약 60년이 흐른 시점이었다. 오랜 시간이 흘렀음에도 그는 아직 땅을 소유하지 못했고, 거주하는 지역에서도 확고하게 자리를 잡지 못했다. 그는 여전히 나그네요 거류하는 자였다.

기업의 첫 열매를 사다

한편으로 사라의 죽음은 아브라함이 믿음과 소망을 발휘할 기회였다. 아브라함이 사라의 시신을 매장할 땅을 구입하는 과정이 자세하게 묘사되고 있는 이유이기도 하다. 이 내용을 읽다 보면 다소 의아스럽다. 당신 혼자만 그런 게 아니다. 노련한 주석가들도 창세기의 이 대목에 이르러서는 난감함을 표현한다. 예를 들어, 독일의 성경학자 클라우스 베스터만은 이런 질문을 던졌다. "도대체 떠돌이 유목민이 죽은 사람을 묻을 땅을 그렇게 원했던 이유는 무엇인가?"[13] 유목민의 특성에 비추어볼 때, 그가 아브라함의 이 같은 행동에 의문을 표한 것은 당연하다.

---

13. *Genesis 12-36*, trans. J. J. Scullion(Miinneapolis : Augsburg, 1985), 376.

하지만 이어지는 그의 주석은 핵심을 완전히 놓치고 말았다. 사실 아브라함의 행동이 지닌 의아함 속에 사건의 본질이 숨어 있다. 아브라함은 언젠가 약속의 땅 전부가 자신의 것이 되리라는 믿음으로 자신의 아내를 매장할 땅을 샀던 것이다. 아브라함 자신이 그곳에 묻힐 것이며(창 25:9), 이삭과 리브가, 야곱과 레아도 마찬가지였다(창 49:29-32). 임종을 앞둔 요셉은 자신의 시신을 애굽에 묻지 말고, 관에 넣어 메고 와서 약속의 땅에 매장하라는 유언을 남겼다(창 50:24-26). 이처럼 막벨라는 약속의 땅의 첫 열매가 되었다. 말하자면 그곳은 언젠가 온 땅이 그들의 소유가 될 것을 보증하는, 하나님이 지불하시는 일종의 계약금과 같은 것이었다.

땅 구입 사건이 지니고 있는 이와 같은 측면은 히브리어 원문에 더욱 뚜렷하게 나타난다. 아브라함은 '아후자'('achuzzah - 9, 20절)를 샀다. 이 단어에는 유산으로서의 땅의 개념이 담겨 있다. 그렇기에 시편 2편 8절에서는 하나님이 그의 기름부음 받은 자에게 이렇게 말씀하신다. "내게 구하라 내가 이방 나라를 네 유업으로 주리니 네 소유(아후자)가 땅 끝까지 이르리로다."

다시 말해, 아후자는 하나님이 기름부음 받은 자에게 주시는 기업(유업, 유산)을 의미한다. 놀라운 사실은 창세기 17장 8절에서 하나님은 가나안 땅을 아브라함에게 아후자, 즉 영원한 기업(an everlasting possession, NIV)으로 주겠다고 약속하셨다는 것이다. 요컨대, 이 매장터는 아브라함이 약속으로 받은 영원한 기업의 첫 열매였다.

안식에 들다

아브라함은 여전히 나그네요 거류하는 자였을지 모르지만, 사라는 안식에 들어갔다. 사라가 안식을 취한 곳이 약속의 땅의 일부인 것은 매우 적절했다. 게다가 그곳은 빌린 것이 아니라 정당하게 구입한 땅이다. 현실에서 가나안 땅은 아브라함과 사라에게 순례지에 불과할지 모르나, 부활의 소망을 품은 자로서 영원한 안식처의 일부라도 소유하고 싶었던 것이다. 매장지를 빌리는 것으로는 만족할 수 없는 이유였다. 땅을 구입하는 데 아무리 많은 비용이 든다고 하더라도 아브라함에게는 그럴 만한 가치가 있었다. 헷 사람 에브론은 아브라함에게 은 사백 세겔에 달하는 막벨라 굴과 그 굴이 위치한 밭까지 거저 주려고 했으나, 아브라함은 한푼도 깎지 않고 값을 전부 지불했다. 이 거래에서 누가 유익을 누렸는가? 에브론은 죽으면 가져갈 수 없는 은 사백 세겔을 두둑히 받았지만, 아브라함은 죽더라도 빼앗기지 않을 영원한 기업의 일부를 (비록 상징적인 형태이지만) 소유했다.

하나님과 더불어 누리는 영생은 결코 값싼 것이 아니다. 어떤 이들에게 그것은 모든 소유, 심지어 목숨까지 내어놓아야 하는 것일 수 있다. 그럼에도 불구하고 영생이란 어떤 대가라도 지불할 만한 가치가 있다. 죽은 자들은 살아 있는 자들 사이에서 아무런 유업을 소유하지 못한다. 하지만 주님 안에서 죽은 이들이 누리게 될 유업이란 얼마나 놀라운 것인가! 그들은 이 땅의 부자들이 저택을 소유하고 있는 것과는 비교할 수 없을 만큼 확실하게 온 세상을 소유한다. 하나님이 그들에게 마련해 주신 것들은 그 누구도 빼앗아갈 수 없다. 반면 우리가 이 세상에서 소유하려는 것들이란 얼마나 불안정한 것인가? 우리가 그것을 잃지 않으려고, 혹은 소유를 늘리려고 아무리 애를 쓴다고 해도 말이다.

우리는 죽음에 대해 어떤 태도를 보이는가? 죽음을 피하려 애쓰는가? 물론 죽음은 비극적이다. 아무리 예견된 죽음이라 하더라도 그로 인한 상실감은 어쩔 수 없다. 우리는 우리의 감정을 부정할 필요도, 슬프지 않은 척할 필요도 없다. 아브라함이 사라의 죽음 앞에서 그랬듯이 사랑하는 사람의 죽음을 슬퍼하는 것은 당연한 일이다.

하지만 우리의 슬픔은 소망이 없는 이들의 슬픔과는 다르다. 예수님이 우리를 위해 죽으시고 무덤에 대신 들어가셨기 때문에 우리에게는 소망이 있다. 예수님께는 무덤이 영원히 필요하지 않았다. 그렇기 때문에 그분의 무덤은 돈을 주고 산 것이 아니라 빌린 것이었다. 예수님은 죽은 지 사흘 만에 그분을 믿는 모든 이들의 첫 열매로 다시 살아나셨다. 그렇기 때문에 예수님을 믿는 모든 이들에게 죽음은 이제 생명으로 들어가는 문이 되었다.

아브라함에겐 이 같은 현실이 아직은 먼 미래였다. 하지만 사라의 무덤을 사는 것으로 그는 하나님의 약속이 지니는 영구적인 효력을 믿고 있음을 입증해 보였다. 죽음조차도 하나님의 사랑에서 그를 끊어낼 수 없음을 믿었던 것이다. 칼빈은 이렇게 쓰고 있다. "그들은 침묵하고 있지만 그들의 무덤은 그들이 하나님이 약속하신 땅으로 들어가는 길에 죽음이 결코 장애물이 될 수 없다고 외치고 있다."[14]

이전 세대의 말을 빌리자면 이런 게 바로 '잘 죽는' 것이라고 할 수 있다. 즉, 남은 이들에게는 비록 슬픈 일일지 모르지만, 죽음이 결코 끝이 아니라는 확신 속에 죽는 것이다. 아니, 오히려 죽음은 하나님이 자기를 사랑하는 사람들을 위해 예비해 놓으신 완전한 '아후자'로 들어가는 문인 것이다. 당신도 아브라함과 사라처럼 잘 죽을 준비가 되어 있는가?

---

14. John Calvin, *Commentaries on the First Book of Moses, Called Genesis*, trans. J. King(Grand Rapids : Eerdmans, 1948), 1:579.

※ **묵상을 위한 질문** ※

1. 사라의 죽음 앞에서 아브라함은 어떻게 반응했는가? 그의 모습은 우리에게 어떻게 본보기가 되는가?

2. 사랑하는 사람이 죽었을 때, 그리스도인의 슬픔과 그리스도인이 아닌 이들의 슬픔에는 어떤 차이가 있는가?

3. 창세기 23장 4절에서 아브라함은 자신을 어떻게 묘사하고 있는가? 그러면서도 아브라함이 그 땅을 사려고 한 이유는 무엇인가?

4. 아브라함처럼 우리도 하나님의 약속에 대한 '계약금'을 가지고 있다. 우리에게 이 계약금은 무엇이며, 그것은 어떻게 우리가 그리스도와 함께 받게 될 기업의 그림자가 되는가? 고린도후서 1장 22절을 참조하라.

5. 이 세상에서 '나그네요 거류하는 자'라는 표현은 당신에게 어떤 의미를 갖는가? 그것은 당신이 날마다 마주하는 선택의 순간에 어떤 영향을 미치는가?

14
신실하신 하나님께 순종하기

나의 장인은 『두 번째 망설임』의 열광적인 팬이다. 이 책은 성경을 기초로 꾸며낸 가상의 이야기들을 묶어놓은 것인데, 여기에는 대부분의 사람들이 성경에 나오는 것으로 알고 있지만 사실은 그렇지 않은 유명한 경구들이 나온다. 한 예로, "청결이야말로 경건 다음으로 중요하다"는 존 웨슬리의 말이 나온다. 거의 성경의 경구라고 할 만한 또다른 예로 "하늘은 스스로 돕는 자를 돕는다"는 말도 있다. 이 경구는 많은 사람에게 삶의 좌우명이 되고 있다. 특별히 아브라함이 하나님의 부르심을 입은 초기에 여러 모로 좋아했을 법한 말이다.

하지만 그의 인생 여정은 그런 경구를 버리는 대신 "하나님이 예비하신다"(창 22:14 참조)는 진리를 붙잡아가는 과정이었다. 우리는 아브라함이 계속되는 시험에 부딪치면서 지름길을 선택하고 하나님의 약속 성취를 앞당기려 했던 사건들을 보았다. 오랜 세월이 흐른 뒤에야 그는 시험을 이길 힘을 배양할 수 있었다.

이삭의 아내

지름길로 들어서고 싶은 유혹은 약속의 실현이 어려워보일 때 더욱 강해진다. 사라가 죽은 후 아브라함은 또 한번 어려운 상황에 빠진다. 이삭이 장성하여 아내가 필요하게 된 것인데, 이는 단순히 혼기가 찼기 때문만이 아니라 약속을 위해서도 필요한 일이었다. 즉, "하늘의 별과 같고 바닷가의 모래와 같게"(창 22:17) 많은 후손을 두기 위해서는 이삭에게 아내가 필요했던 것이다.

하지만 아브라함은 이방인의 땅에, 그것도 훗날 자신의 후손들에게 쫓겨날 운명인 (하나님 없이 살아가는) 가나안 거주민 사이에서 살고 있었다. 만일 아브라함이 장성한 이삭을 가나안 거주민의 딸들 가운데 하나와 결혼시킨다면 하나님을 섬기는 경건한 후손을 일으키기란 불가능해질 것이다. 그렇다고 이삭에게 아내를 얻어주려고 그 땅을 떠나는 것 역시 하나님의 약속에 신실하지 못한 선택이 될 것이다. 두 가지 선택 모두가 자신의 노력으로 하나님의 약속 실현을 앞당기려는 지름길이라고 할 수 있다. 그러면 어떻게 해야 하는가? 아브라함은 이전과는 달리 하나님에게서 직접적인 계시를 받지 못했다. 아브라함은 자신의 양심을 따르는 수밖에 없었다. 그의 영적 성숙도를 반영하듯, 이번에는 그의 양심이 그를 곁길로 벗어나지 않고 믿음의 길을 따르도록 이끌었다.

아브라함은 믿음의 길을 선택했다. 누가 보아도 불가능해 보이는 임무를 그의 종에게 맡긴 것이다. 종은 아브라함의 혈족이 살고 있는 곳까지 머나먼 길을 떠나야 했다. 그곳에 당도해서는 아브라함의 혈족 가운데서 이삭에게 적합한 여자를 찾아야 했다. 그게 끝이 아니었다. 그 여자에게 자신과 함께 약속의 땅으로 가서 그녀가 한 번도 보지 못한 남자와 결혼해 달라고 설득해야 했다. 아브라함의 종은 과연 그 여자가 허락할지 의문이었다. "여자가 나를 따라 이 땅으로 오려고 하지 아니하거든 내가 주인의 아들을 주인이 나오신 땅으로 인도하여 돌아가리이까"(창 24:5). 아브라함은 자기 아들을 그리로 데리고 가지 않게 하라고 말한다. 그의 대답은 믿음으로 충만해 있다.

하늘의 하나님 여호와께서 나를 내 아버지의 집과 내 고향 땅에서 떠나게 하시고 내게 말씀하시며 내게 맹세하여 이르시기를 이 땅을 네 씨에게 주리라 하셨으니 그가 그 사자를 너보다 앞서 보내실지라 네가 거기서 내 아들을 위하여 아내를 택할지니라 만일 여자가 너를 따라 오려고 하지 아니하면 나의 이 맹세가 너와 상관이 없나니 오직 내 아들을 데리고 그리로 가지 말지니라(창 24:7-8).

아브라함의 말은 이런 뜻이었다. "하나님이 이삭의 아내를 예비해 주실 것이다. 설령 이런 방법으로 일이 잘 해결되지 않는다고 해도, 나는 하나님이 그분의 방식으로 약속을 성취하실 것을 믿는다." 이제 아브라함에게 지름길은 없었다. 그에게 의문과 의구심은 사라지고, 대신 하나님의 능력과 뜻에 대한 차분한 믿음만 있었다. 상황이 어렵고 미래가 불투명했지만 아브라함의 믿음은 두 가지 사실만을 굳게 붙들었다. 약속한 것을 이루시는 하나님의 신실하심과 그 하나님을 향한 순종이다.

오랫동안 젊은이들과 교류하면서 나는 그들이 가장 흥미롭게 생각하는 두 가지 주제를 발견했다. 하나는 '관계'(relationship)이고, 또 하나는 '인도'(guidance)였다. 젊은이들이 "내게 적합한 배우자는 누구인가?" 하는 문제로 고민하는 이유도 그 때문일 것이다. '인도'라는 문제에서, 우리가 이 땅에서 얼마나 오래 살았든 관계 없이 꼭 알아야 하는 명제는 다음과 같다.

"하나님은 신실하시다. 그러므로 그분에게 순종하자. 결과가 어떠하든 그것은 우리 몫이 아니며, 우리는 오직 하나님의 뜻에 순종할 뿐이다."

불가능한 임무

아브라함의 종은 불가능한 임무를 안고 출발했다. 목적지에 도착한 종은 고대 근동에서 흔히 만남의 장소로 이용되던 우물가로 가서 하나님의 뜻을 확인할 만한 한 가지 방법을 고안해 냈다. 이것은 기드온이 처음 사용한 뒤로 보통 '양털 테스트'라고 불린다. 기드온은 하나님의 말씀을 확인하기 위해 양털 한 뭉치를 타작 마당에 둔 다음, 이슬이 땅에는 내리지 않고 양털에만 내리게 해달라고 요청했다. 그러고나서 이를 재확인하기 위해 다음날에는 반대의 결과가 일어나게 해달라고 요청했다(삿 6:36-40). 그러나 아브라함의 종이 생각해낸 방법은 기드온처럼 변덕스러운 것이 아니었다.

그가 선택한 양털은 이런 것이었다. "한 소녀에게 이르기를 청하건대 너는 물동이를 기울여 나로 마시게 하라 하리니 그의 대답이 마시라 내가 당신의 낙타에게도 마시게 하리라 하면 그는 주께서 주의 종 이삭을 위하여 정하신 자라 이로 말미암아 주께서 내 주인에게 은혜 베푸심을 내가 알겠나이다"(창 24:14). 아브라함의 종은 일종의 성품 테스트를 시도했다. 즉, 상대의 너그럽고 후한 마음씨를 살펴보려고 한 것이다. 낯선 사람에게 그런 친절을 베풀려면 이런 성품이라야 가능하겠기 때문이다. 뿐만 아니라 그는 자신의 구상을 실천하기에 앞서 하나님께 기도로 인도하심을 구했다. 그는 잠언 3장 5-6절의 살아 있는 본보기였다. "너는 마음을 다하여 여호와를 신뢰하고 네 명철을 의지하지 말라 너는 범사에 그를 인정하라 그리하면 네 길을 지도하시리라." 그는 하나님께 기적적인 징표를 구하지 않았다. 그 대신 일상 속에서 쉽게 알 수 있는 장면 가운데 초자연적인 인도하심을 구했다.

아브라함은 '주 안에서' 결혼하는 것이 중요하다는 사실을 잘 알고 있었다(고전 7:39 참조). 인생의 가장 중요한 일에 대해 서로 마음이 일치하는 사람과 결혼해야 한다는 것은 상식이다. 그리스도인에게 그것은 주님을 사랑하는 일이다. 하지만 어떻게 선택의 폭을 좁힐 수 있는가? 아브라함의 종이 사용한 방법을 우리에게 적용해 볼 수 있다. 즉 우리는 겉으로 드러나는 아름다움보다 내면의 아름다움을 먼저 추구해야 한다는 것이다. 그리하여 상대방에 대해 던질 수 있는 핵심적인 질문은 이것이다. "내가 결혼하고 싶은 이 사람은 삶의 모든 면에서 경건함과 은혜를 드러내는가?"

응답받은 기도

아브라함의 종은 하나님께 그것을 구했고, 리브가에게서 그것을 발견했다. 그가 기도를 다 마치기도 전에 그의 앞에 하나님의 응답이 나타났다. 리브가는 자신의 행동에 담겨 있는 엄청난 의미를 이해하지 못한 채 그의 요청에 기꺼이 응대하고 섬겼다(창 24:18, 20). 그녀는 그에게 물을 주고, 낙타에게도 주었다. 아브라함의 종은 물을 마신 대가로 값진 선물을 리브가에게 주었다. 게다가 리브가는 아주 아름다웠다(16절).

하지만 그녀가 이삭의 아내로 적합한 여자인가? 그녀가 아브라함의 먼 친척이라는 반가운 대답을 듣고 나서야 종은 안도하고 하나님을 찬송했다. "나의 주인 아브라함의 하나님 여호와를 찬송하나이다 나의 주인에게 주의 사랑과 성실을 그치지 아니하셨사오며 여호와께서 길에서 나를 인도하사 내 주인의 동생 집에 이르게 하셨나이다"(27절). 이삭을 위해 숫양을 예비하셨던 하나님이 이제 그를 위해 완벽한 아내를 허락해 주셨다. 예비해 주시는 하나님에 대한 아브라함의 믿음이 옳았다는 것이 입증되었다.

리브가는 아브라함의 종을 우물가에 둔 채 집에 있는 어머니에게 달려갔다. 이 낯선 손님을 집으로 데려오는 일은 그녀의 오라비 라반의 몫이었다. 아브라함의 종은 좋은 소식을 전하는 전령의 자격으로 라반의 집으로 갔다. 그는 라반의 가정이 하나님을 믿고 그 믿음대로 반응할지 궁금했다.

과연 그들은 하나님의 약속에 의지해 리브가를 이 낯선 사람에게 맡기고 먼곳으로 떠나보낼 것인가? 아브라함의 종은 자신이 그곳에 온 용건을 말하기 전에는 아무것도 먹지 않겠다고 했다(33절). 그리고 하나님이 자신을 어떻게 리브가에게로 인도하셨는지 설명했다. 리브가의 가족이 이 같은 하나님의 섭리를 믿고 그녀를 자신에게 맡길 수 있는지 물었다. 그들은 믿음으로 반응했다. "이 일이 여호와께로 말미암았으니 우리는 가부를 말할 수 없노라"(50절). 그들도 아브라함처럼 "하나님이 말씀하셨으므로 나는 그것을 믿는다. 믿음이 해결해줄 것이다"라고 고백했다. 요컨대 그들은 혈육보다 더 진한 아브라함의 (믿음의) 친족이었던 것이다.

아브라함의 종이 이 때 아무말을 하지 않았다는 사실에 주목할 필요가 있다. 흘러가는 상황 속에서 하나님의 뜻이 드러나는 것을 확인할 수 있었음에도, 아브라함의 종은 자신의 확신을 리브가의 가족에게 강요하지 않았다. 그가 볼 때는 하나님의 인도하심이 명백했지만, 그 점을 다른 사람을 통해 다시 한번 확인받으려 한 것이다. 그는 이렇게 말하고 있다. "내가 보기에는 하나님이 역사하시는 것이 분명한데, 당신들도 나와 같은 생각입니까?" 그는 섭리에 대한 자신의 해석을 오류가 없는 권위 있는 것으로 과대 평가하지 않았다. 대신 그는 하나님을 믿었다. 진정으로 하나님의 뜻이라면 리브가의 가족은 동의할 것이다. 그의 생각이 맞았다. 리브가를 포함한 그 가족도 하나님의 손길이 섭리로 작용하고 있음을 알게 되었다.

해피 엔딩

일단 결정이 내려지고 나자 모든 일은 빠른 속도로 진행되었다. 롯이 소돔을 떠날 때 망설였던 것과는 달리 조금도 주저함이 없었다. 손님을 환대하던 중동 지방의 관습도 아브라함의 종이 리브가와 함께 떠나는 것을 늦추지 못했다. 그는 늙은 주인이 죽기 전에 자신의 기도가 응답받은 것을 보고 기뻐하는 모습을 한시라도 빨리 보고 싶었다.

리브가는 자신이 어디로 가는지, 그곳에서 무엇이 그녀를 기다리고 있는지 몰랐지만 아브라함의 종과 함께 떠나기로 선택했다. 믿음의 여정을 나서기로 한 것이다. 리브가는 아브라함의 아들에게 적합한 신부였다. 어머니와 오라비가 아브라함의 종과 같이 가겠느냐고 물었을 때 그녀에게서 믿음의 불꽃이 튀었다. 그녀는 (히브리어) 한 단어로 대답했다. '엘렉!' 이 말은 "나는 갈 것입니다"(58절 참조)라는 뜻이다.

이야기는 (할리우드 영화처럼) 이삭과 리브가가 석양이 지는 곳으로 자동차를 타고 신혼 여행을 떠나는 장면으로 끝나지 않는다. 해피 엔딩이 될 것은 맞다. 장르도 다르지 않다. 다만 들판에서 두 사람이 처음으로 마주치는 그 마지막 장면은 더 큰 스크린에서 새롭게 펼쳐질 것이다. 두 사람에게는 서로 극복해야 하는 차이점이 분명 존재할 것이다. 때로는 매우 험난한 길을 지나가야 할 것이다. 그러나 두 사람에게는 그러한 어려움을 극복할 방편이 있었다. 두 사람이 언제나 함께 한 길로 간다는 사실이다. 두 사람은 이스라엘의 하나님을 향한 동일한 믿음으로 살아가게 될 것이다. 하나님이 두 사람을 함께 이끄실 것이며, 사는 날 동안 평생 믿음이 두 사람을 붙들어줄 것이다.

혹시 인도하심을 구하고 있는가? 마땅한 탈출구를 찾을 수 없어 지름길로 빠지고 싶은 유혹을 받고 있지는 않은가? 아브라함이 자신의 삶을 통해 깨달은 가장 원초적인 믿음을 떠올려보라. 하나님은 언제나 신실하시다. 하나님이 예비해 주실 것을 우리는 믿어도 된다. 우리가 할 일은 그분의 뜻에 순종하는 것이다. 아브라함은 모리아 산에서 이 교훈을 얻고 나서는 눈을 감을 때까지 잊지 않았을 것이다. 아브라함은 어떤 난관에도 불구하고 하나님의 신실하심에 의지하는 법을 배웠다. 그곳에서 아브라함은 하나님은 스스로 돕는 자를 돕는 분이 아니시라는 것을 배웠다. 하나님은 전적으로 하나님만을 의지하며 자신을 의탁하는 자를 도우신다. 그러면 하나님이 진실로 예비해 주시는 분임을 배우게 될 것이다.

예수님이 이 땅에 성육신하신 이후 시대를 살아가는 우리는 십자가에서도 신실하셨던 하나님의 모습을 생생히 보았다. 거기서 하나님은 우리를 위해 대속의 어린양, 당신의 가장 사랑하는 독생자를 예비하셨다. 독생자를 우리를 위해 주신 분이 다른 모든 것까지 예비해 주겠다고 약속하셨다.

하나님이 보여주신 신실하심에 반응하여 하나님을 신실하게 섬기는 것이 우리의 남은 일이다. 하나님이 우리를 위해 행하신 일에 비추어볼 때 우리도 아브라함처럼 이렇게 말해야 하지 않겠는가? "어떤 일이 있더라도 순종하겠습니다."

※ 묵상을 위한 질문 ※

1. 아브라함이 자신의 종에게 이삭이 고향에 갈 수 없다는 단호한 입장을 취한 이유는 무엇인가?

2. 누가 이삭의 아내로 적합한지를 확인하기 위해 아브라함의 종이 선택한 방법은 무엇인가? 이런 중요한 사안에서 당신이 하나님의 뜻을 확인하는 방법은 무엇인가?

3. 이삭의 결혼이라는 중요한 사안에서 아브라함이 믿음을 둔 대상은 누구인가? 자신의 뜻에 따라 상황과 사람을 다스리시는 하나님의 능력에 대해 아브라함은 어떤 믿음을 가졌는가? 당신은 이 죄악된 세상에서 자신의 뜻을 이루시는 하나님의 능력에 대해 어떤 믿음을 가지고 있는가?

4. 하나님의 뜻을 식별하는 문제에서 그리스도인이 흔히 하는 오해에는 어떤 것들이 있는가?

5. 아브라함은 오랜 세월 하나님과 동행하는 여정 속에서 믿음이 성장했다. 당신의 믿음은 어떻게 성장하는가? 그것을 위해 하나님이 사용하시는 수단은 무엇인가?

15
그 길 끝에 있는 것

사람들은 '죽음'이라는 문제에서 전전긍긍한다. 죽음 너머에 무엇이 있을까 봐 두려워한다. 예전이든 지금이든 기회가 있다면 어떻게든 죽음에서 벗어나고 싶어한다. 죽음이라는 터널 끝에 새로운 빛이 있을까? 그 빛은 혹시 우리를 태워 가려고 기다리는 '영원한 멸망'이라는 이름의 열차는 아닐까? 얼마 전 〈뉴요커〉 잡지에서 긴 터널 속을 걸어가는 한 남자를 그린 카툰 광고를 본 적이 있다. 거기에는 "터널 끝에 빛나는 곳, 뉴저지를 만나다!" 이런 설명이 달려 있었다. 우리에게 가장 끔찍한 악몽은 죽음 뒤에 아무것도 없는 게 아니라, 그보다 더 나쁜 무언가가 있다는 것이다. 진정한 뉴요커라면 뉴저지에서 영원을 보내야 하는 것만큼 불행한 일이 어디 있겠는가? (뉴욕 주에 속한 뉴욕 시는 뉴저지 주 경계에 붙어 있지만 뉴저지 주와는 여러 면에서 삶의 질이 높고 그 격차가 크다).

베스트셀러가 보통 그렇듯이 성경도 막바지에 이르도록 독자의 궁금증을 완전히 풀어주지 않는다. 성경의 마지막 책 요한계시록에 이르러서야 죽음 너머에 무엇이 있는지 생생하게 보여준다. 하지만 성경 이야기의 초반부인 창세기 25장에서 우리는 이미 죽음과 몇 번 마주친다. 이번엔 아브라함의 죽음이다. 그의 죽음 앞에서 우리는 이런 질문을 던진다. "아브라함의 믿음은 그에게 무엇을 가져다주었는가? 그의 모든 수고와 희생과 고통은 결국 그럴 만한 가치가 있었는가? 하나님은 아브라함에게 주신 약속을 정말로 지키셨는가?"

창세기 25장이 우리에게 주는 대답은 "그렇기도 하고 그렇지 않기도 하다"는 것이다. 좀더 좋게 말하면 "그렇다. 하지만 아직은 아니다"일 것이다. "그렇다"고 말할 수 있는 이유는 하나님이 아브라함에게 주신 약속을 성취하기 시작하셨기 때문이다. "그렇지 않다"고 말할 수 있는 이유는 아직 그 약속이 완전히 성취되지 않았기 때문이다.

오랜 세월 믿음으로 살아온 아브라함이 이제는 믿음 가운데 죽음을 맞이해야 했다. 하나님은 아브라함이 하늘의 별과 같이 많은 후손을 얻게 될 것이며(창 13:16, 15:5, 17:2, 22:17), 많은 민족의 조상이 될 것이라고(창 17:4) 약속하셨다. 이 약속은 이삭과 이스마엘을 통해서 뿐 아니라, 창세기 25장의 처음 네 구절에서 언급되는 (아브라함의 후처) 그두라를 통해서도 이루어졌다.

하지만 그들이 육체적인 의미에서만 아브라함의 자손들이었던 반면, 이삭은 약속의 아들이었으며, 이삭만이 아브라함의 소유를 상속받고(창 25:5) 더불어 하나님이 아브라함에게 주신 약속을 상속받을 수 있었다. 아브라함은 후처의 자녀들도 사랑하고 그들에게도 재산을 물려주었다(6절). 하지만 하나님의 약속에 관해서는 그의 마음속에 어떠한 혼란도 없었다. 아브라함은 어느 한쪽이 죽거나 믿음을 내버릴 경우를 대비해 몇 명의 아들에게 유산을 물려주는 방식으로 양쪽에 승부를 걸지 않았다. 그는 "이삭에게서 나는 자라야 네 씨라 부를 것"(창 21:12)이라고 말씀하신 하나님을 믿었다. 이 믿음에 따른 행동으로 아브라함은 다른 자식에게는 재물을 주고 이삭에게서 떠나가게 했다.

아브라함은 수명이 다할 때까지 장수했다. 그리고 떠나야 할 때가 되었다. 하나님의 계획에서 없어서는 안 될 사람이란 없다. 아브라함도 마찬가지다. 이제 이삭이 그를 대신해 하나님께 복을 받고 모든 민족에게 복의 통로가 되는 하나님의 계획을 이루어갈 것이다(창 25:11). 아브라함은 하나님뿐 아니라 사람들과도 화평을 누리는 가운데 죽음을 맞았다.

아브라함의 향년이 백칠십오 세라 그의 나이가 높고 늙어서 기운이 다하여 죽어 자기 열조에게로 돌아가매(창 25:7-8).

그의 죽음은 오래 전 하나님이 약속하신 대로였다. "너는 장수하다가 평안히 조상에게로 돌아가 장사될 것이요"(창 15:15). 창세기 25장 8절의 '나이가 높고'(at a good old age)란 표현은 창세기 15장 15절의 '장수하다가'와 정확히 같은 표현이다. 뿐만 아니라 그의 장례도 창세기 15장에서 약속된 바와 같이 평화롭게 치러졌다. 그의 아들 이삭과 이스마엘이 이전에 어머니 사라를 매장했던(창 25:9-10) 막벨라 굴에 아버지를 매장하는 문제에 의견 일치를 보았다.

이삭과 이스마엘 두 사람의 이후 관계는 창세기 16장 12절에서 여호와의 천사가 예언한 대로 줄곧 적대적으로 흘러갔을 뿐 아니라, 그 후손에게까지 대대로 이어졌다(창 25:18). 하지만 적어도 이 순간만큼은 서로에 대한 적대감은 잊은 채 아버지의 장례를 평온하게 치렀다. 하나님의 약속은 아브라함이 눈을 감은 이후에도 변함없이 성취되고 있었다.

하나님의 약속 성취는 이제 막 시작되었을 뿐이다. 후손에 대한 약속, 그리고 평화로운 임종에 대한 약속은 성취되었으나 후손들이 거할 땅에 대한 약속은 여전히 남아 있었다. 아브라함은 사라를 매장하기 위해 구입한 작은 땅을 소유했고, 거기에 사라와 함께 묻혔다. 그 작은 땅이 전부였다. 믿음 가운데 숨을 거두었으나, 약속의 완전한 성취는 요원한 상황이었다. 모세의 인도 아래 약속의 땅으로 향하던 이스라엘 백성에게도 아브라함의 믿음은 여전히 하나의 도전으로 남아 있었다. 그들 역시 믿음으로 그 땅을 소유하도록 부르심을 받았기 때문이다.

아브라함의 믿음은 우리 앞에도 하나의 도전으로 서 있다. 오늘날 우리는 아브라함보다 더 크고 귀중한 약속을 받았다. 그뿐 아니라 우리는 약속된 성령을 받았다. 이는 구약의 모든 성도와 선지자들이 소망하던 것이었다(행 2:17, 38-39). 하지만 우리 또한 부분적으로 보고, 부분적으로 알며, 부분적으로 경험하고 있다.

우리가 경험한 성령의 충만함도 장차 우리가 받을 것에 대한 보증에 불과하다(엡 1:14). 우리도 하나님이 약속하신 것을 부분적으로는 받았으나 아직 완전하게는 받지 못했기 때문에, 아브라함처럼 믿음으로 살 뿐 아니라 믿음 가운데 눈을 감아야 한다.

약속과 현실의 괴리 속에서 산다는 것이 바로 그런 것이다. 우리는 기쁨과 슬픔, 성공과 실패, 상승과 하락이 공존하는 현실 세계 가운데 살고 있다. 우리가 살아가는 곳은 실패와 넘어짐과 타락이 상존하는 세상이다. 그게 현실이다. 현실은 종종 고통스럽다. 그러나 그리스도인은 이런 현실 너머에 또 하나의 현실이 존재하고 있음을 고백한다. 이 세상 너머에 존재하는 또 다른 세상, 우리의 역사 이면에 존재하는 더 거대한 역사 말이다. 믿음 안에서 우리는 주위에 만연한 고통스러운 현실이 언젠가 지나갈 것임을 인정한다. 오늘 우리가 살아가는 현실은 언젠가 하나님이 그의 백성과 함께하시며 그 백성의 눈에서 모든 눈물을 씻어주고 사망과 애통과 애곡과 아픔이 더 이상 존재하지 않는 현실로 바뀌게 될 것이다(참조. 계 21:3-4). 그때 우리는 그분을 얼굴과 얼굴을 마주하고 볼 것이며, 약속과 현실 사이의 괴리는 사라질 것이다.

아우구스티누스가 말한 것처럼, "우리는 안식하며 볼 것이며, 보면서 사랑할 것이며, 사랑하며 찬양할 것이다. 보라! 무엇이 끝나고 무엇이 영원히 끝나지 않을 것인지를…"[15] 그동안 우리는 아브라함처럼 믿음으로 살아간다. 이 길 끝에서 새어나오는 빛이 우리를 본향으로 인도하기 위해 마중나와 계시는 예수님에게서 나오는 것임을 아는 믿음이다.

> 길이 끝나는 곳에서 빛이 비치네
> 그 빛은 지친 영혼을 쉬게 하며 무거운 짐을 덜어주네
> 예수님이 길을 비추시고
> 바른 길로 저 높은 곳으로 인도하소서

---

15. Augustine, *City of God* 22. 30.

고난이 내 뒤를 좇으며

강도처럼 밤길에 숨어 기다린다 해도

당신의 사랑스러운 팔로 나를 감싸주소서

나로 계속 빛을 보게 하소서

흐르는 생명 시냇물을 보네

그곳에 몸을 씻고 밤을 보내네

부드러운 손길로 나를 깨워 한번 더 잡아주소서

새로운 집 문 앞으로 나를 인도하소서.[16]

---

16. Dan Befus, "The Light at the End of the Road"(Dewey Street Music / ASCAP, 1987).

※ **묵상을 위한 질문** ※

1. 히브리서 11장이 언급하는 믿음의 선진들과 아브라함의 공통점은 무엇인가? 그것이 그의 삶에 어떤 영향을 주었는가?

2. 아브라함 생전에 성취된 하나님의 약속은 무엇인가? 아브라함이 마지막 순간까지 믿음 가운데 붙들고 있던 약속은 무엇인가?

3. 당신의 삶에서 현실이 된 하나님의 약속이 있는가? 마지막 순간에 자녀에게 물려주고픈 하나님의 약속은 무엇인가?

4. 하나님의 약속과 현실 사이에서 당신이 고민하는 바는 무엇인가? 아브라함의 모범을 통해 배운 진리가 있다면 그것을 당신의 삶에 어떻게 적용할 수 있는가?

5. 이 책을 읽으며 하나님과 하나님의 구원 계획에 대해 새롭게 배운 지식이 있는가? 그 계획 가운데 우리의 역할은 무엇이라고 생각하는가?

6. 아브라함의 삶에서 길어낸 진리가 있다면 세 가지만 말해 보라.

Living in the Gap Between
Promise and Reality

Copyright ⓒ 1999 by Iain M. Duguid
Originally published in English under the title
Living in the Gap Between Promise and Reality
by P&R Publishing Co.,
P. O. Box 817, Phillipsburg, NJ 08865, U. S. A
All rights reserved.

This edition published by arrangement
with P&R through rMaeng2, Seoul, Republic of Korea,
All rights reserved.

믿음으로 산다는 것

초판 1쇄 발행 2002년 4월 8일
개정판 1쇄 인쇄 2020년 4월 15일
개정판 1쇄 발행 2020 4월 25일

지은이   이안 더귀드
옮긴이   김정식
펴낸이   신은철
펴낸곳   좋은씨앗
출판등록   제4-385호(1999. 12. 21)
주소   서울시 서초구 바우뫼로 156, 402호
주문전화   (02)2057-3041 주문팩스 (02)2057-3042
전자우편   good-seed21@daum.net
페이스북   facebook.com/goodseedbook

ISBN 978-89-5874-334-7 03230

ⓒ 좋은씨앗 2002

이 한국어판의 저작권은 알맹2 에이전시를 통해 P&R와 독점 계약한 좋은씨앗에 있습니다.
신저작권법에 의해 한국 내에서 보호받는 저작물이므로 무단 전재와 무단 복제를 금합니다.